Philipp Jacob Spener

Pauli Kampf und Kron bei der fürstlichen Leiche der Fr.

Maria Johanna

Philipp Jacob Spener

Pauli Kampf und Kron bei der fürstlichen Leiche der Fr. Maria Johanna

ISBN/EAN: 9783743604117

Hergestellt in Europa, USA, Kanada, Australien, Japan

Cover: Foto ©ninafisch / pixelio.de

Weitere Bücher finden Sie auf **www.hansebooks.com**

Pauli kampff und kron

bey Fürstlicher Leiche

Der weiland Durchläuchtigen Fürstin und Frauen/

Fr. Maria Johanna

Pfaltzgräfin bey Rhein/ Hertzogin in Beyern/
Gräfin zu Veldentz und Spanheim etc. Gebohrner Gräfin zu Helffenstein / Frey Fr. zu Gundelfin-
gen/etc. Wittiben/ Christseligen
angedenckens/

Nachdem solche zu Bischweiler in dem Fürstlichen Schloß
den ⅒. Aug. dieses 1665. Jahrs von dieser welt nach Gottes
willen seelig abgefordert worden/ und dero Fürstlicher Leich-
nam den 1½7. Oct. in die kirche daselbs mit Christ-und
Fürstlichen ceremonien zu bestimter ruhe-
statt gebracht wurde/

aus 2. Tim. 4/7. 8.

vorgetragen

von

Philipp Jacob Spenern

der H. Schrifft Doctore/ und der kirchen zu Straßburg Freypredigern.

Mit
angehenckter Fürstlicher Abdanckung.

◆§(o)§◆

Gedruckt bey Johann Pastorius/
Im Jahr 1665.

Denen Durchlauchtigen Fürsten
und Herren

Hn. Christian/

und

Hn. Joh. Carlen/

Gebrüdern/Pfaltzgrafen bey Rhein/
Hertzogen in Beyern/Grafen zu Veldentz
und Spanheim/etc.

Seinen gnädigen Fürsten und
Herren/

Ubergiebet gegenwärtige/ auff dero gnädigen
befelch gehaltene und zu druck beforderte/Pre-
digt/ mit unterthäniger Ehrerbietung/gehor-
samsbezeugung und hertzlicher anwünschung
göttlicher gnade und alles hohen wolergehens

Ihr. HochFF. G. G.

zu geber und gehorsam
unterthäniger

Philipp Jacob Spener/der H.
Schrifft Doctor und Freyprediger
in Straßburg.

Der Vatter der barmhertzigkeit und GOTT
alles trostes / der da die Leute sterben lässet/ und spri. he/
komt wieder Menschen-kinder / JEsus Christus der
Fürst und HERR des Lebens / der da durch seinen
todt die macht genommen hat unserem todt / und der,
dessen gewalt hatte dem teuffel / hingegen ewiges leben wiederbracht ; der H. Geist/ der hie unsere leiber und
seelen heiliget / jene dermaleins an dem grossen tag
des Herren herrlich zu verklären/ und mit diesen zu
vereinigen / stehe uns allen mit seiner gnade und trost
also bey/ daß wir recht sterben/ das ist/ ewig selig zu werden aus seiner krafft lernen mögen. AMEN.

GEliebte und Andächtige in Christo JESU.
Wisset ihr nicht / daß die so in den schrancken lauffen/ die lauffen alle/ aber einer erlanget das kleinot.   Sind wort welche der teure
Apostel Paulus/wie vor diesem seinen Corinthiern
1/9. 24. also noch heut zu tage nach selbs vollendetem lauff
gleichsam als von Himmel herab in der schrifft uns allen zuruf-
fet/und wirthme nach solche allhie wiederholen.   Es ist freylich
an dem ; jeglicher Mensch lauffet in gewissen schrancken/ nicht
nur seines Lebens selbs/ biß er/meistentheils ohnvermuthet/ an die
jenige stelle kommet / wo nach dem lauff ein weiter sprung aus
der zeit in die ewigkeit zu thun ist : so lauffet er etwa auch in seinen gewissen beruffs-schrancken : auffs wenigste in den schran-
cken/ die die Christliche Religion/darinn und dazu er beruffen/ an
sich selbsten ihm setzet.   Aber da heissets : Viele lauffen/ nicht
alle erlangens : sondern setzen aus den schrancken aus/ erliegen/
oder lauffen das ziel verbey.   So ruffet uns dann allen/ die sonst

A

2   **Chriſtliche**

hergleicher gefahr des mißlauffs und fehlens ſeyn würden / Paulus noch weiter zu: Lauffet nun alſo/daß ihrs erlanget. Es
bedarff unſer faule alte Menſch/ der da nirgend träger als zu ſolchem lauff (da er bleyern / zu dem böſen aber hirſch-leichte füſſe
hat/) täglich dieſes zuruffens und erinnerens ; daher GOTT /
ſo offt wir entweder in Predigten dergleichen hören/ oder aber in
der Schrifft ſelbs leſen/ uns ſolches zuſchreyen läſſet. Nicht a-
ber dieſes allein / ſondern wie wir faſt eben ſo viel durch exempel
bewogen werden / leget er nach ſeiner groſſen güte uns täglichen
dergleichen exempel vor/ da wir entweder an übelgeendetem lauff
eine warnung und abſcheu / oder an wolgeendetem einen herrlichen anrieb zur nachfolge haben mögen. Uns liget hie dieſer
letzten art/ein vornehmes vor augen / wann wir der Weiland
Durchläuchtigen Fürſtin und Frauen/ Fr. Mariæ Johan-
næ Verwittibter Pfaltzgräfin bey Rhein/ Hertzogin in Bey-
ern/ Gräfin zu Veldentz und Spanheim. &c gebohrner Gräfin zu Helffenſtein/ Frey Fr. zu Gundelfingen, &c Unſerer
Gnädigen Fürſtin und Frauen/ nunmehr Chriſtſeligen An-
gedenckens/ letztes ehrengedächtnüß aus dero Chriſtlich geende-
tem lauff an dieſem ort ihrer ruheſtätt miteinander zu begehen/ in
der forcht Gottes zuſammen kommen ſind. Es heiſſet in ſeiner
maſſe / wie Paulus (Hebr. 13/17.) von den Schren abſonderlich ſaget/ auch von andern frommen Chriſten / die ihren
weg vor uns vollbracht / Gedencket euer Mitbrüdere und
Mitſchweſtern/ welcher/ zu zeiten gantzes leben / auffs wenigſte / ende ſchauet an / und folget ihrem glauben nach.
So ruffen uns mit unſerer Seeligen Fürſtin aus deren ſärcken
und gräbern / auch alle andre Seelige / die das ende ihres glaubens erhalten / gleichſam zu : Sehet unſer ende an / und folget
unſerm glauben nach. Das iſt das einige/ ſo wir noch von den
vorgegangenen und abgeſtorbenen Mitbrüdern haben/ die ſtete
erinnerung der nachfolge. Dann gleich wie in dem krieg oder
andern kämpffen / die noch das heilige bevor haben/ es ihnen einen
ſtattlichen muth machet / wie ſie ſehen/ daß es ihren Spießge ſellen
gelungen / und derſelben ein und anderer den ſieg und kron davon tragen ; alſo auch wachſet frommen Chriſten der muth / wo
                                                              ſie

ſie nicht nur die verheiſſung Gottes allen geſchehen / ſondern auch
die erfüllung derſelben an den lieben ihrigen mit ſo reichem ſegen
ſehen können.   Wie nicht weniger der vorangeſchickten ſeelig⸗
keit / die gnugſame artzney und troſt / wider die über ihren todt ha⸗
bende traurigkeit geben kan.   Wann nu dieſes billich unſer ab⸗
ſehen / nebens ſchuldiger Jhro Fürſtl. Gn. ſeel. erweiſenden letzten
ehren⸗gedächtnüß / die betrübte und ſamentliche gemeinde allhie
zugegen mit troſt auffzurichten / und uns zu gottſeligem leben /
auff welches allein ordentlicher weiſe ein ſeeliger todt folgen mag /
anzufriſchen ; ſo iſt ſolche zwecke zu erhalten / nichts wol einiger ort
der H. Schrifft füglicher anzuwenden / als der von J. F. Gn. ſelbſt
zu dero Leichpredigt / ſo wol längſt vor / ſchrifftlich / als bey dero
kranckheit mündlich erkoſener und beliebter text aus 2. an Ti⸗
moth. 4. darin Paulus ſeines vollenderen lauffs und erwartender
kron meldung thut.   Sollen demnach zu ſchuldiger letzten wil⸗
lens erfüllunge vordißmal ſolche wort unſre betrachtunge ſeyn.
Damit es aber fruchtbarlich geſchehen möge / alſo daß wir lernen
bedencken / daß wir alle ſterblich ſeynd / und den vorgehenden ſeelig
nachzufolgen uns befleiſſen / wollen wir vor Göttlicher Majeſtät
uns kindlichſt demütigen / und ein jegliches in der ſtille ein gläu⸗
biges Vatter Unſer beten.

So lauten nun vorhabende wort Pauli alſo
aus der

2. an Timoth. am 4. Capittel. des 7. und
8· Vers.

Ich habe einen guten kampff ge⸗
kämpffet / ich habe den lauff vollen⸗
det / ich habe glauben gehalten. Hin⸗
fort iſt mir beygelegt die kron der ge⸗
rechtigkeit / welche mir der HERR

A ij   an

an jenem tage / der gerechte Richter /
geben wird / nicht nur aber mir allein / ſondern auch allen / die ſeine
erſcheinung lieb haben.

Eingang.

Jn herrlicher nahme iſt es / Geliebte vnd
Andächtige in dem Herꝛ / welchen der heilige
Apoſtel Petrus dem jüngſten tag (Apoſt:
Geſch. 3. 21.) gibt / daß er jhn heiſſet / den
tag / an dem alles herwiderbracht werde /
ἄχρι χρόνων ἀποκαταστάσεως πάντων. Es iſt die kꝛafft des
Griechiſchen wortes eigentlich dieſe / wo etwas ſeine ordnung /
gehörigen wolſtand vnd güte verlohren gehabt / ſolche aber wi-
derum bekommen / wie es dann auch in der Schꝛifft von einigen
Conf. Marc. gebraucht wird / die wider geſund gemachet worden. (Matth.
9. 12. Act. 1. 12, 13.) Es trägt aber der jüngſte tag ſolchen nahmen nicht
c. Heb. 13, 19. deßwegen / wie einige folgern wollen / ob ſolte dermal eins dieſe ſicht-
barliche welt / Himmel und erden / nicht dem weſen nach verge-
hen müſſen / ſondern allein herrlicher gemacht / und in den ſtand
darinn ſie erſtlich geſchaffen geſetzet werden ; weil es heiſſe / daß
alles widergebracht werde / und alſo daß auch Himmel und erden.
Dann Petrus widerſpricht anderswo 2. epiſt. 3. 10. 11. 12. 13.
dieſer meinung außdrücklich / da er von der weſentlichen zerſtö-
rung dieſer geſchöpffe redet : und iſt die folge nicht beſſer / als ob
man folgerte / daß dann auch die teuffel zurecht gebracht werden
müſten : welches bekandlich falſch wäre. Unterdeſſen iſt noch
gnug / daß wider zurecht gebracht und reſtituiret werden ſolle. Gott
dem Allerhöchſten gebühret die ehre / daß ſeine Göttliche Majeſtät von allen Creaturen erkandt werde ; weil dann dieſes hie auff
der welt nicht geſchiher / ſo muß es geſchehen auff jenen tag /
daß gute und böſe / fromme und gottloſe / mit und ohne jhren willen

ben sie erkennen müssen / und also dem Herren seine ehre wider un-
gestellt / dem teuffel aber die ehre / so er ihm mit unrecht anmasset /
widergenommen / hingegen sein verdammuß offenbahret werde.
So ist auch dieses eine stattliche widerbringung / daß da auß
Engel und Menschen / und also beiderley vernünftigen geschöpf-
fen / eine gemeinde / die Gott dienete / bestehen solte / diese einig-
keit / so durch den fall deß Menschen zerrissen worden / wider er-
gäntzet werden solle. Vornemlich aber gehet diese wiederbrin-
gung den Menschen an / daß da solcher zu Gottes ebenbild er-
schaffen / und ers verlohren / es ihme mit aller vollkommenen heiligkeit / gerechtigkeit und weißheit wider erstattet / hingegen des
Satans ebenbild abgethan werden solle. Ferner wann eltern
ihre kinder / kinder die eltern / geschwistere und ehegatten eines daß andere / hie durch den todt verlohren / ist daß die widerbringung / daß sie einander wider antreffen / und eines dem andern
gleichsam wider geschencket werde. Sonderlich aber gehöret
auch hieher / daß / weil hie auff der welt es gantz umbgekehret gehet / die rechte wohnung wiederbracht werde. Es gehet nemlich
gleichsam / wie in einem Reich oder Stadt / wo in auffruhr und
inheimischer zerrüttung die gerechtigkeit nicht gehandhabet
werden kan ; daß gewalt vor recht die oberhand hat / fromme
leute über böse tage seuffzen müssen / die gottlose aber in lauter
glück bey ihren bösen stücken blühen. So muß dann der tag
kommen / da jenen gutes / diesen böses vergolten werde / und göttliche gerechtigkeit in der that weise / sie habe ihres ampts nicht /
wie offt hie gemeinet wird / vergessen / sondern allein aus heiligen
ursachen die öffentliche vergeltung auff bequeme zeit versparet ;
da sie sich vor aller welt kund thun wolle. Ein vornehmes
stück solcher widerbringung nun ist / M. G. / welches uns in
verlesenem worten vorgestellet wird / wo der hie elende und in seinem
kampff dem ansehen nach vor den Menschen unterliegende
Paulus uns auffgeführet wird / nicht nur als ein herrlicher sieger / sondern auch als der an statt der eisernen fessel mit stattlicher
krone begabet einher tritt. Ist das jenige / was wir jetzo in Gottes nahmen abzuhandlen antretten. Der HERR gebe seinen

Conf. Act. 1, 6

A iij Geist

Geist und gnade/ also zu reden und zuhören / daß es uns heilsam
seye/ durch JEsum Christum/ Amen.

Abhandlung des Textes.

Describitur
Pauli.I.Cer-
tamen. ubi
1.subjectum
generale. in
connot.pri-
mæ person.
ES theilen sich die Wort Pauli am einfältigsten in 2.
stück / daß wir nemlich ihn betrachten auff einer seit /
nach seinem gegenwärtigen zustand / als einen tapfferen
streiter / auff der andern nach dem jenigen/ was er erwarte/als einen gekrönten sieger.   Oder mit wenig worten/ Pauli kampff
und Pauli kron.   Von dem ersten zureden/ müssen wir zu al-
lerforderisten sehen / wer der kämpffer seye / und von wem in diesem
gantzen spruch gehandelt werde ; dann der es einmahl ist / laufft
durch das gantze durch. Nun wird zwar namentlich hie niemand
ausgedruckt/ aber genug genennet/ wann es allezeit heißt Ich /
ich habe einen guten kampff. m. f. w.   Ist solches Paulus der H.
Apostel/ so nunmehr seinem ende nahe war/ wie dann eben diese
Epistel kurtz vor seinem todt in eben selbigem jahr geschrieben
worden.   Ist also ein Lehrer und Prediger/ dahero dann sein tra-
gendes Predig-amt selbs hieher zu diesem kampff gehöret/ und unter solchem nahmen zu verstehen ist.   Jedannoch ist er nicht allein
in dieser absicht zu betrachten ; sonst würde folgen /, daß andere
Christen dieses sprüchlin gar nicht angehe/ da doch er von seiner
kron saget/ sie solle gemein seyn/ mit allen die Christi erscheinung
lieb haben/ und also mit allen Christen ; welche also in der krönung gemeine/ die können hie auch nicht von dem kampff aus-
geschlossen werden.   Daher dann Paulus hier auch anzusehen
als ein gemeiner Christ/ nach seinem Christenthum an sich selbs/
ja als ein vorbild aller Christen.   Wir betrachten ihn aber auch
als einen Mann/ welcher ziemlich lange zeit / und fast die erste und
beste blüet seines alters / auff die 33. jahr / so fast die helffte des le-
bens/ gar schlecht seinen wandel geführet.   Er war Jüdisch ge-
bohren / und ein grosser eifferer der Pharisäischen bereits falschen
Religion/ daß er auch die Christen greulich verfolgte / ja viel un-
schuldiges Blut vergossen / auch ohne zweiffel dadurch viel zum
abfall gebracht / auffs wenigste an der bekehrung gehindert/ und
also

also an ihrer verdamnüß ursach gewest. Nach deiner aber von
GOTT wunderlich zu dem hellen liecht des Evangelii befehret/so
heisset doch/ Ich habe einen guten kampff gekämpffet/ in dem
er die erkante warheit nachgehends eiffrig versochten/ in seinem
Christenthum beständig fortgefahren/ und es seelig beschlossen.
Sihet also GOTT vernemlich den fort-und außgang des lebens an: Sind solche gut/ so spricht man auch Paulo nach/
Ich habe einen guten kampff gekämpffet. Gleichfals saget auch
der Apostel nirgends/daß er allerdings heilig und gerecht in seinem
leben gewesen: Sondern ob er wol sich rühme konte Apost. Gesch.
23/ 1. daß er mit allem gutem gewissen gewandelt habe für GOTT/
biß auff diesen tag/ und ihm auch nichts bewust war. 1. Corinth.
4/4. so will er doch Philipp. 3/ 12. der volkommenheit sich hieraus nicht rühmen/ sondern gestehet Röm: 7. daß er ein elender
Mensch seye/ der da stets mit der sünde/ so in dem fleisch noch
stecke/zu streiten habe/sich ihrer nicht entschütten künne/zu auch offt
dieselbige thue/ob er es wol nicht in willens gehabt. Diener alles zu
der Lehre/nicht allein daß wir hieraus erkennen/es möge gleichwol einer von sich selbs und seinem kampff bey sich urthelien nach dem spruch
seines gewissens/ und das ohn gefahr der ruhmrädtigkeit (sihe 2. Corinth. 10/11. 12. 13.) sondern auch ins gesamt den verstand folgen-
der wort testo besser zutreffen; daß wir nicht meinen/ daß allein die
jenige sich dieser Paulinischen worte gebrauchen künten/ welche ihr
lebtag/ oder nach. einmahliger bekehrung/ihnen niemahl einiger sünden wären bewußt/ sondern die auch wol schwere sünder gewesse/ aber
nachmahl mit Paulo von GOTT zu gnaden angenommen/ zu dessen folge ihnen ihr Christenthum haben angelegen seyn lassen/ auffs
wenigste den letzten kampff/ daran das meiste gelegen/Christlich über-
stritten. Doch ist die Vermahnung dabey/sich nicht auff den letzten
kampff zu verlassen. Paulus hat gleichwol noch 35. jahr nach seiner
bekehrung GOTT eiffrig gedienet/ und in gutem kampff fortgefah-
ren. Und ob schon die in der eilfften stunde erst anfangen zu arbei-
ten/und also nur eine noch übrig haben/ auch ihren gnadenlohn kriegen: ob schon auch der jenige/ der den letzten kampff ritterlich ver-
richtet/ einen guten kampff gekämpffet hat/ so ists doch nicht gewiß/
daß du in der letzten stunde werdest beruffen werden/ wo du vorhin
dich

dich nicht haſt beruffen laſſen: und iſt der letſte kampff ſelten gut/wo man vorhin ſich nicht auch eines guten kampffs befliſſen; es ſeye dann daß GOTT auſſerordentlich und ſonderbare gnade thue / die dem tauſendſten nicht wiederfähret. Soll alſo hierauß zwar ein Troſt denen gegeben werden/ die gleichwol ſich zu ende wieder auffraffen/ ihnen ihre fehler laſſen leid ſeyn / und endlich in ſolchem letſten ſtreit allein glauben halten / daß ſie ihrer ſeeligkeit halber / umb ſolches verzugs willen/ nicht zweiffeln; keiner aber hierauß ſicher zu werden anlaß nehmen. * Iſt der von dem geredet wird: Es wird aber der Kämpffer ſelbs beſchrieben als 1. ein ernſtlich und eiffriger. 2. beſtändiger. 3. glaubiger Kämpffer: oder wird gerühmet Pauli eiffer / beſtändigkeit und glaube. Der eiffer beſtehet ſelbs darin/ daß es heiſſet. Ich habe einen guten kampff gekämpffet. Es ſihet jederman wol/ daß Paulus auff die Griechiſche Schauſpiel ſehe/ deren 4. waren/ die Olympiſche/ Pythiſche/ Nemeiſche und Iſthmiſche: in welchen bey offentlicher verſamlung des ganzen Griechenlandes mit lauffen/ringen /. fechten / ſpringen und werffen/ die junge Mannſchafft ſich üben muſte. Alſo daß aus ſolcher gewohnheit faſt der ganze Apoſtoliſche ſpruch auszulegen. Ob nun wol zu zeiten das Griechiſche wörtlein ἀγών, ſo hie durch kampff gegeben wird/ auch den platz ſelbſten bedeutet / wo beydes ſolche kämpffe und wettläuffe verrichtet wurden (Thucyd. L. 5. ϑριαλβάν is † ἀγῶνα) alſo das einige in den gedancken / es heiſſe hie auch/ wo der ſeelige Luther es gedeutſchet/ ich hab einen guten kampff gekämpffet / eigentlicher / ich habe den kampffplatz durchlauffen / daß es eben ſo viel wäre/ als das nachfolgende: Bleiben wir doch billich bey dem gemeinſten verſtand/ daß wir hie Paulum anſehen/ als der ſich vor einen Kämpffer darſtelle: Da ſie dann mit ſchweren käulen / von bley/ ertz und eiſen fochten / und ſich damit rechtſchaffen zerbläueten/ daß es ſelten leer abgienge / daß nicht einige ſolten das leben drüber eingebüſſet haben. War alſo in ſolchen kampffſpielen / davon er das gleichnüß nimmet / kein ſchertz oder ſpiel : wiewol wir auch den kampff / ſo in einer offentlichen feldſchlacht geſchihet/ nicht ausſchlieſſen wollen/ als wo gleichermaſſen es hart hergehet / und man einander nicht ſchonet. Iſt demnach ins gemein kampff in einer gleichnüß

Marginalia:
2. prædicata ſpecialia.

Cum certamen repræſentetur, ut
1. Seriū. ubi (1. objectū
1. natura.
† ἀγών.

Plut. ἀγω-ρίζεϑαι ἀ-δω, quod Ciceroni currere ſtadium.

nuß alles/ so da ernstlich ist/und mit eifer gehet. Absonderlich aber
nennet nun Paulus solchen kampff/ nicht nur sein predigampt/ in
welchem er freylich mit der gantzen welt/wider die verstockte Juden/
wider die sich weise dünckende Griechen/ und alles daß/ so sich wider
das reich Christi aufflehnete/ zu kämpffen hatte. Er hatte wider
alle diese gewisse waffen seiner ritterschafft empfangen/ zu verstören
alle höhe/die sich erhebet über das erkantnuß Gottes und den gehorsam Christi. 2. Corinth. 10/ 4. 5. Es gieng dabey so gefährlich
her/ daß ers auch einen thierkampff nennete. 1. Corinth. 15/ 32.
Sondern er nennet auch das gantze Christliche leben einen kampff/
mit welchem mit nicht wenigerem eifer und ernst als in jenen leiblichen gestritten werden muß.   Das heißt bey ihm der kampff/ welchen alle vor augen haben müssen/ϯ ἀγῶνα ἰξοχιῶς. * Wir sehen bald
hieraus/ wie wir also/ob schon zum frieden/ den wir derniaseins in jenem leben völlig genieffen/ hie aber wo es ohne verletzung Göttlicher
ehre geschehen mag zuhalten befliessen seyn sollen/ beruffen/ dannoch
auch zum kampff und streit von GOTT gesetzet seynd/ und uns nichts
anders einbilden sollen.   Feinde sind häuffig da/ dadurch wahr werde/
daß der mensch immer müsse im streit seyn. Job. 7/ 1. GOTT selbs
stellet sich zu zeiten zu einem feinde dar/ und wird uns zum grausamen.
Job. 30/21. daß wir nicht anders meinen solten/ als er wolle uns allerdings zu grund richten, Esa. 38/ 12. 15. Wir müssen ringen mit ihm/
wie Jacob : welches uns saur gnug ankommet ; es sey dann/ daß wir
den HErren recht erkennen/ und ihm ansehen/ daß er nicht sein/ sondern freund seye : alsdann ists umb ein gläubig gebet zu thun / so ist
solcher kampff aus / und kan sich der HERR nicht weiter verhälen.
Es ist dieses gleichsam ein kampff/ wie bey den alten die sechter / ehe es
an den ernst gienge / es mit den Lehrmeistern wagen musten/ so nur zur
übung diente.   Aber gefährlicher gehet es her mit den rechten feinden :
da stehet der Teuffel vornen an.   Wir haben nicht mit fleisch und blut
zu kämpffen/ sondern mit den Fürsten dieser welt/ die in der finsternuß
dieser welt herrschen/ mit den bösen geistern unter dem Himmel Ephes.
6/ 11. 12. Dann seit deme 1. Mos. 3/ 15. feindschafft gesetzt zwischen
der Schlangen/ dem teuffel/ und des weibessaamen/ an dessen geistlichem leibe auch die glaubige glieder seynd/ höret der teuffel nicht auff/
uns mit betrug und gewalt zuzusetzen/ umb uns der seeligkeit zu verlust-

B   gen.

gen. Da heiſſets kämpffen mit Gottes wort/ glauben/ gebet/ und daß
man ſeinen reitzungen nicht folge. So iſt auch die welt ein greulicher
feind/ mit deme zu kämpffen: weil ſie auff einer ſeit mit verführung/ auff
der andern mit grauſamer verfolgung auff uns zuſtürmet/ 2. Pet. 2/ 7.
8. nach dem wir einmahl von ihr erwehlet ſeynd. Johan. 15/ 19. So
muß man dann gegen ihre verleitungen mit vorſichtigkeit/ aber gegen ihren haß mit gedult ſich waynen. Weiter komt das fleiſch darzu/ die in
uns wohnende ſünde/ über deren kampff Paulus Galat. 5. und Rom.
7. ſo ſehnlich klaget. Dieſer feind machet uns ſo viel mehr zu ſchaffen/
weil er inner der mauren ſteckt/ und uns es ſauer wird/ uns ſelbſten abzu-
brechen/ und die lüſte zu creutzigen. Endlich iſt der letzte feind / ſo zu
überwinden/ der todt/ als fern er ein ſtraff der ſünden: wann aber bey
frommen kindern Gottes/ derſelbe den feindes nahmen verliehret / und
billiger als eine erlöſung anzuſehen iſt/ gehöret er vielmehr hieher/ allein/
ſo fern umb ſolche zeit (ultimus agon.) etwa die übrige feinde / welche
ſehen daß ſie wenig zeit mehr haben/ ſo viel hefftiger zuſetzen. Feinde
gnug! So laſſet uns dann nicht die hände in den ſchoß legen. Dann
ja auch ſonſt/ wer den feind vor ſich ſihet/ wird/ wo er verſtand hat/ auch
auff die gegenwehr gedencken. Auch bilde ſich keiner ein/ daß der teuffel es ihm ſchencken werde/ der da noch keinen ohne ſonderbahren ſtreit
durchgehen laſſen/ er habe dann gewüßt/ daß derſelbe ſchon vor ſein ſeye.
Wie dann es keine gute anzeigung iſt/ wo der teuffel und welt uns zu frieden laſſen; in deme dadurch leicht zu ſchlieſſen / daß wir ihnen auch
nicht zuwider ſeyn müſſen; nun mögen wir mit gutem gewiſſen nicht
freunde ſeyn deſſen / der unſers HErrn und Haupts abgeſagteſter
feind iſt. Es ſol unſer leben aus göttlichem willen ein kampff ſeyn.
Der troſt iſt darin zuſuchen/ weil dieſes ein kampff/ in dem es uns nicht
fehlen kan/ oder irgend der ſieg zweiffelhafftig wäre / ſondern er iſt gewiß. * Nur muß es auch heiſſen/ wie ſtehet/ ein guter kampff. Abſonderlich hieß bey den Griechen καλῶς ἀγωνίζεσθαι, gut kämpffen/
von denen die in dem kampff ſelbſten das leben ritterlich auffgaben.
(Ælian. 6, 6.) welches ſich auff die Märtyrer und unter denſelben
auff Paulum/ die da kämpffend das leben einbüſſeten/ ſehr wol ſchi-
cket, ja auch von andern Chriſten geſaget werden mag/ welche auch
biß an ihr ende kämpffen müſſen / und alſo noch ſtreitend/ ob wol
mit völligem ſiege/ das leben laſſen. So heiſſet auch ferners gu-

a.2, qualitas
† καλόν.

ter kampff/ wo der kämpffer nicht nur seinem feind oblag / sondern
auch in dem gantzen kampff den regeln des kampffs gemäß sich ver-
halten hatte/ ja auch die zeit/ so zu der vorbereitung lange erfordert
wurde/ redlich ausgestanden. 　Das heißt 2. Timoth. 2/ 5. so einer kämpffet/ wird er nicht gekrönet/ er kämpffe dann recht ; in seiner Sprach ῥομίμως , nach den gesetzen. Legitimè certantibus.
* Ist die Lehre dabey/ es seye und müsse unser Christliche kampff ein
guter kämpff seyn : als der da eingesetzt/ auch wir dazu beruffen/ von
dem guten GOTT ; der da verricht wird durch seine guten beystand ;
der in allein guten geschihet ; der da nicht auff einige eitelkeiten / oder
auffs wenigste nicht vollkommenes gute/ sondern auff das einige gute/
Gottes ehre um unsre seeligkeit/ zwecket. Vernemlich aber ist er auch gut/
weil von GOTT uns gewisse regeln vorgeschrieben/ nach welchen derselbige angestellet werde muß/ da unserer willkuhr das werck nicht überlassen
wird. Gibet gleich die vermahnung/ daß wir nicht meinen/daß es gnug
seye/daß unser leben ein kampff seye/das ist daß wir viel wiederwertigkeit
habe/und es uns lassen saur werde: wo nicht auch es ein guter kampff ist/
daß ist nach der regel göttlichen worts angestellet. Dann es gibet auch Sa-
turnilische neid-Martialische onötige krieges/venerische unkeuschheit/
Mercurialische zancksucht/ Bacchi gläser und becher-streit: es habe auch
gottlose Ismael manchmahl streits gnug/ so viel oder wol mehr als
frome Christen; so lassen es ihnen auch die heuchler mit selbserwehlten
Gottesdiensten so saur werden 1. König. 18/ 28. Esa. 58/ 5. als fromme streiter Christi : Aber es ist drumb solcher kampff kein guter kampff:
sondern heisset von diesen Matth. 15/ 9. vergebens dienen sie mir. Jene wo sie aus ehr-oder geltgeitz/zancksucht oder mißgunst streit anfangen/
und die händ in die haar bekommen / tragen allein darinnen ihrer boß-
heit verdiente straff. Wo dann je aller orten gekämpffet wird/ ach so
laße uns ja so lieb den guten kampff kämpffen/weil die andren alle keinen
nutzen bringen/ und uns doch eben so schwer würden. So ist der trost/
es seye auch alsdann solcher kampff darum gut/daß er glücklich seye/und
wir des sieges versichert seyn mögen : es folget gleich 1. Timoth. 6/ 12.
wann es heißt/kämpffe den guten kampff des glaubens/daß es auch heis-
se/ ergreiffe das ewige leben. Welches ein grosser vortheil vor andern
leiblichen kämpffen/die offt wol darinn gut seynd/daß sie wol geführet/je-
dennoch aus unglück des sieges fehl gehen. * Von solchem guten

B ij
kampff

Chriſtliche

kampff aber ſaget Paulus/ Er habe ihn gekämpffet. Es war
zwar noch nicht allerdings von dem kampff abgeblaſen/ jedannoch
nahe bey dem Ende; alſo daß ſolches wenige übrige gegen dem bereits ausgeſtandenen faſt nichts mehr zu rechnen war; ſonderlich
weil GOTT vielmahl ſeine groſſe gnade auch darinn weiſet/ daß
bey denen/ die vorhin ſchwer gekämpffet/wo es nun an das letſte bey
dem ſterben gehet/und man meynen ſolte/ daß ſonderlich bey dem
martertodt/das herbſte noch bevorſtünde/ gleichwol ſie aus göttlicher krafft und erquickung ruhiger und getröſter werden; und alſo gleichſam der kampff ſchon aus/ ehe ſie ſichs ſelbs verſehen.
Wann es aber heiſſet/ er habe gekämpffet ꞉ ſo ſchlieſſet er hiedurch
göttliche gnade nicht aus/ſondern läßt ihr ihre ehre, darthut er ver-
mag/wann er alles vermag/ Philipp. 4/13. geſchihet in dem/ der
ihn mächtig machet/Chriſto/ und vermittelſt der Ephſ. 6/11. m.
f. w. weitläuffig beſchriebener rüſtung. * So eben und beſchret/ daß
auff einer ſeite zwar wir freylich von gegenwärtigem und dortigen unſe-
rem zuſtand gewiß ſeyn mögē aus zeugnüß unſers gewiſſens/auff welches
ſich auch Paulus hie verläſſet/daß der kampff/den wir gekämpffet/ und
in dem wir ſtehen/ gut ſeye und GOTT gefällig; daß es keines zweiffels
von nöthen (1. ep. Johann.3/19. 20. 21.) auff der andern aber/ daß
gleichwol göttliche gnade es mehr ſeye/die den kampff verrichtet/als wir
ſelbs; ja ſich eben darinn noch herrlicher hervor thut/ daß ſie dannoch
uns die ehre läſſet/ob hätten wirs gethan/wo ſie doch die kräffte allein gegeben. Dann weil all unſer ſieg in dem glauben beſtehet. 1. Johann.
5/4. ſo iſt der glaube Gottes gabe/ und hat nichts als die gnade Got-
tes/ die er ergreiffet/ der ihm darinn ſiege gibet im ſtarcken kampff.
Weiſh. 10/12. So laſſe uns doch auffs wenigſte unſern führer Chri-
ſtum/ den wir in dem glauben vor uns hertragen/ und der allein alle gefahr vor uns beſtehen will/nicht verlaſſen/ oder hinter ihm wegfliehen ꞉
Es wäre doch ſo lange nicht. ; biß/ wanns uns jetzt ſaur ankommet
zu ſingen/ ich lieg im ſtreit und widerſtreb꞉ es ſo viel freudiger der
malein in dem præterito heiſſen wird ꞉ Ich habe gekämpffet. Victoria!
Wann wir in allein weit überwunden/umb des willen/ der uns gelie bet
hat. Röm. 8/37. Offenb. 12/11. Iſt das erſte. * Ferners ſtellet

ſich Paulus dar als einen läuffer/wie ſie dan in obangeregten ſprü-
len ſo wol zu rongen als zu fuß/ und zwar offters/wozu treffliche ſtär-

cke

cke erfordert würde/geharnischt die wettläuffe verrichtete. So saget
nun Paulus/seine beständigkeit anzudeute: ich habe den lauff vollendet. Ob hie das wörtlein lauff/ϑρόμος den lauff selbst/oder wie
etliche wollen (ut ap. Paulan. in Lacon.) den lauffplatz bedeute/ gilt
uns hie gleich/und gehet endtlich auff eines hinaus; Er nennet aber
lauff/nicht nur eigentlich seine reisen / damit er viel 100 meilen
durchlauffen/und jetzt die müde füsse zur ruhe ins grab legen wolte:
sondern er gedencket auch des laufts des Evangelii/ daß also sein
Predigamt auch unter solchem nahmen zu verstehen. Rom. 10/
19. Jedoch hindert nichts/ daß wir auch am einfältigsten / unter
dem nahmen des laufts/das leben an sich selbsten verstehen; indem
dasselbe nicht allein an sich ein schneller lauff ist/und als ein strom
dahin schelißt/ja als flögen wir davon. Psalm. 90/6. 10. Sondern auch gehet in deurselbigen ein geschäft nach dem andern hin/
bey einem jeglichen in dem beruff/ darin er stehet. Vornemlich a-
ber ist das Christenthum auch ein lauff/darinnan stetig fortreisen muß/
umb dem ziel/ welches ist die vollkommenheit in jenem Leben / nä-
her zu kommen. * So ist also unser leben auff alle weise ein lauff: a-
ber durch einen rauhen/ gefährlichen und engen wege. Matth. 7/14.
da wir an keinen spiel-lauff gedencken dörffen. Wer dann Paulo folgen will/ der lauffe: Das ist/ er bleibe nicht gleich anfangs stehen/ nach
dem er einmahl in der bekehrung auff den lauffplatz von GOTT geführ-
ret; so stehe er auch nicht unterwegen still/ dann unser leben selbs stehet
nicht still / und dann, wer hie nicht fortfahret / der gehet zurücke.
Aber weil es heisset/den lauff/von einem einigen/so ist der weg dann nur
einer; da lauffe niemand irgend neben aus auff irrweg/ und nach dem
breiten weg/ der zu der höllen ohnzweiffentlich endlich führet. Sondern
er bleibe auff dem schnurgraden richtigen weg. Galat. 6/16. und solches vorsichtig/ ἀκριβῶς, genaw/ bedächtlich/unanstössig. Ephes. 5/15.
Philipp. 1/11. Da soll auch ein heiliger eiffer zwischen allen Christen
seyn/ daß je einer dem andern/ so ihm mit gutem exempel vorgeleuch-
tet/nachlauffe. 1 Corinth. 11/1. Der Trost ist der; aller lauff endet
sich endlich mit ruhe/ und ist das perpetuum mobile noch mehrmahl
in dem Hirn derer/ die es erfunden zu haben gemeinet / als in der that
anzutreffen gewesen. Ja auch wer einmahl in das lauffen kommet/
dem wird folgends das fortlauffen nicht mehr so schwer. Zudem lauf-

ſen wir nicht allein/ ſondern alſo daß uns Chriſtus ziehet. Hohelied 1/
4. und weil er der weg iſt/ hat es mit ihm noch eine beſondere bewand-
nuß/ daß er auch gar unſern füſſen in dem lauffen neue krafft gibet/daß
angefangene fortzuſetzen; er laufft gleichſam ſelbs und führet uns mit
ſich. * Von ſothanem lauff aber heiſſets jetzt/ Ich habe vollendet.
2) actus. Es war noch etwas weniges zwar übrig/ aber der nunmehr das ziel
τέλειος. allernechſt vor augen ſihet/ achtet ſolches geringe vor nichts. Wie
auch ſonſt offt in der ſchrifft das jenige/was da bald geſchehen ſoll /
dargeſetzt wird/als were es bereits geſchehen. Es heiſſet aber vollen-
det/nemlich alſo daß alles geleiſtet was geſchehen ſoll/ und er nicht
vor der zeit ſolchen abgebrochen. Dann die in der mitten außgetre-
ten/ hören zwar auch auff/ aber haben drumb den lauff noch nicht
vollendet. * Die ſtehet zur lehre was es ſeye / ſo endlich mit der cron
der ehren zu bezieren. Nemlich allein die endliche beſtändigkeit nicht wer
da lauffet/ſondern den lauff vollendet. Wer beharret biß ans ende/der
wird ſeelig/ Matth. 10/22. 24/13. Iſt alſo freylich die beſtändigkeit
biß ans ende die eigne gabe der außerwehlten; nicht ob hätte GOtt
nicht ſie eben ſo wol allen anderen beſchieden/ ſondern eben deswegen ſind
dieſe außerwehlt/weil ſie beharren/ die übrige aber nicht/ welche da die
gnade von ſich geſtoſſen/ob ſie ſchon ſonſt auch in die zahl der außerwehlten kommen mögen. Die Vermahnung gibt ſich ſelbs: iſts nicht gnug
wol angefangen haben/ und eine zeitlang fortfahren/ ſo werde keiner ſi-
cher/ daß er ſich allein darauff verlaſſe/ weil irgend ein guter anfang gemachet. Darum der da wieder nachläſſet/ glaube gewiß/ daß ihm der
erſte gute lauff nichts nützen/ſondern gar zu gröſſerer verdammnuß gerei-
chen werde / als der da göttliche gnade von ſich geſtoſſen. Wir
müſſen uns noch nicht ſchätzen/ daß wirs ergriffen haben. Philipp. 3/
13. Gleichwol ſchläget ſolches den Troſt nicht/ſo hierauß fleiſſet/daß wir
doch mit Paulo auch noch bey lebendem leibe ſagen möge/ ich habe den
lauff vollendet/und demnach des zukünfftigen uns rühmen/ ſo uns nicht
fehlen kan/ wo wir nur wollen. Urſach/ es gründet ſich unſer heil nicht
auff uns/ daß wir wegen unſerer ſchwachheit etwa uns beförchten müß-
ten/ſondern auff göttliche krafft/ derer würckung bey keinem nicht ver-
geblich wird/ als denen/ die es ſelbs nicht anders wollen. * Wir hö-
3. Fidele ren aber nunmehr Paulum auch von dem dritten/von ſeinem glau-
1. objectum ben. Es heiſſet/ ich habe glauben gehalten. Mit dem wort glau-
της πίστι. ben/

ſen/welches auch treue gegeben werden möchte/ſihet der h. Apoſtel
auß den verſpruch / mit welchem ſich die fechter vor obgedachten
ſpielen und kämpffen / vor den thurnier-vögten eidlich verbinden
mußten/ allen geſätzen des kampffs völlig ein gnügen zuleiſten/ und
daß ſie auch bereits in der zeit der vorbereitung ſich denſelben gemäß
erzeiget/und ſich alles verbottenen enthalten (ſih.1.Corinth.9/25.)
zu ſolchem wären ſie alsdann verpflichtet / mußten auch über ſich
nach denſelben liebs und leids ergehen laſſen. Was aber nicht weniger die abſicht ſeyn / auff den ſoldaten eid/ den jeglicher ſeinen
officieren zu dem fahne ſchweret/ welcher nicht weniger ſchwere ver-
bindnuß mit ſich zeuchr. So iſt aber ſolcher glaube nun bey Paulo einstheils zwar die treue/ die er GOTT in ſeiner kirchen/ nach
dem beruff/darinnen er geſtanden/ ſchuldig war; anderntheils aber
die treue /, ſo er auch GOTT in dem tauff-bund zugeſaget als ein
Chriſt. ✠ Es läſſet ſich eben ſolches zur lehre behalten/ was GOTT
von uns erfordere/ nemlich nichts anders als was er von ſeinen kirchen-
dienern auch erfordert/nemlich treue. 1. Corinth. 4/2. Groſſe gaben
fordert er nicht/ dann er ſie nach ſeinem weiſen rath nicht eben alle gege-
ben/ſondern einem eins/ einem andern fünff oder mehr pfund: alſo auch
nicht daß man groſſe thaten gethan habe/ dann er einige zwar zu werck-
zeugen braucht/ dardurch er in vielen ſeine ehre befördert / wie dergleichen Paulus geweſen/anderen ihm eben ſo lieben Chriſten leget er ſo
viel nicht auff/und erfordert es demnach auch nicht von ihnen : aber von
allen heiſſets/ glauben und treue halten / nemlich nicht mutwillig an
ihm untreu werden; damit will der Herr zu frieden ſeyn/ob ſchon bey
ſolcher treue noch viel ſchwachheit und unvollkommenheit iſt. Ein
vornehmes ſtück ſolcher treue iſt/welches auch von einem ſoldaten erfordert wird/daß man in ſeinem beruff gern bleibe : und alſo wie der ſol-
dat/ ſo auff ſeinen poſten geſetzt wird/ ihn nicht verlaſſen darff / biß er
davon abgelöſet werde/auch der menſch von der ſtelle ſeines lebens nicht
begehre abzuweichen/biß ihn ſein Feldherr ſelbſten abfordere. Dahero
die gar nicht die treue halten/ ſo entweder vor der zeit mit ſtrang/meſſer/
waſſer/ oder auch mit unmäßigkeit/freſſen/ ſauffen/ unkeuſchheit/ mut-
williger traurigkeit und unnöthiger ſorge oder anders dergleichen das leben abkürtzen / oder doch aus ungedult gleichſam von GOTT in dem
gebet/ ſo ihnen aber zur ſünde wird/ den todt erzwingen wollen. Paulus

lus hatte mehr creutz als gewiß einer von allen ſolchen (ſihe 2. Corinth.
11.) jedannoch hielte ihn ſeine treue/ die er GOtt halten wolte/ daß er
nicht auszuſetzen begehrte. Den troſt nehmen wir daraus/ daß wo wir
getreu ſind/ iſt GOtt auch getreu/ der ſich nicht verleugnen kan/ ſondern was er verſprochen/ aus gnaden halten wird. 2. Timoth. 2/ 13.

2.) actus.
τιτήρησις.

* Es heiſt aber von ſolcher treue oder glauben/ er habe ihn gehalten. Ey wie/ möchte jemand ſagen / hat dann Paulus niemahl
wider ſeinen tauffbund geſündiget/ und alſo die treue niemahl gebro-
chen ? Wir haben bereits oben geſagt / daß freylich Paulus auch
ſünde gehabt und gethan. Demnach eben ſo wol des ruhms der
vollkommenen treue vor GOtt manglen müſſen/ als andere. Aber
doch heiſſets glauben gehalten/ ſo wol nach dem Evangelio/ daß er
den einmahl empfangenen wahren ſeeligmachenden glauben feſt be-
halten/ darin Chriſtum ergrieffen/ und in ihm die vollkommene gerechtigkeit erlanget ; neben ſolcher aber keine andere gerechtigkeit
wiſſen oder verſtehen wollen. Dann wie der jenige an GOtt untreu wird/ der mit ſolcher gerechtigkeit Chriſti ſich nicht vergnügen
will/ alſo iſt der hingegen treu/ der GOtt ſeine Ehre läſſet. Nachmahl kam auch dazu die treue / daß Paulus nach beſtem vermögen und göttlicher ihm mitgetheilter gnade / nicht nur in ſeinem
amt eiffrig und treulich ſeinem GOtt dienete/ nichts zu thun oder
zu unterlaſſen/ ſo zu göttlicher ehre nicht dienete / ſondern auch in
ſeinem Chriſtenthum ſich der gottſeligkeit müglichſt befliſſe/ und immer nach mehrerer vollkommenheit trachtete/ als er erlanget. Da
heiſſets ſchon/ er habe den glauben oder treu behalten. * Dienet gleich
zu der anmerckung/ daß wir erkennen/ wir vermögen gleichwol/ ob ſchon
nicht aus eigner krafft/ dannoch aus göttlicher gnade/ GOtt treu auff
der welt zu ſeyn : ſo nicht darinn beſtehet / daß wir nichts ſündigen /
ſondern daß wir es nicht mutwillig und vorſetzlich thun. Es muß einmahl ſeyn/ daß wir eine gute ritterſchafft üben/ glaubē und gutes gewiſſen behalten. 1. Timoth. 1/ 18. 19. ſonſten wäre es GOtt geſpottet.
So laſſet uns ja nicht meinen/ es ſeye damit gnug/ daß wir GOtt
treu und glauben zugeſagt in unſerer tauff / ſondern wir müſſens auch
halten : ſonſt vermehrets allein die verdammüß ; und heiſſets nicht
auch mit dieſem letzten/ ich habe glauben gehalten/ ſo heiſſets auch alsdann nicht/ ich habe einen guten kampff gekämpffet. Laſſen wirs ab
uns

uns einen ernst seyn/ so ist der trost herrlich / daß die schwachheit diesen
glauben oder treue nicht auffhebe/ sondern GOTT damit vorlieb nehme.
Haben wir dann schon nicht mit solchem eiffer das unsrige gethan / wie
Paulus/ sondern klaget uns unser gewissen an/ offt den tauffbund / und
zwar auch etwa vorsetzlich/ nicht gehalten zu haben. So ist dieses das
beste/ daß der da in wahrer busse mit hertzlichem glauben sich auch noch
in dem letsten auffraffet/ und alsdann in solchem glauben abdrucket/ sich
rühmen kan/ er habe in behaltung solches glaubens und also in Christo/
dessen gerechtigkeit sein wird / alles das gehalten/ so er schuldig gewesen:
daß in ihm/ weil er in Christo Jesu ist/ nichts verdamliches seye. Und
ist auch eben unser glaube nicht so starck/ nicht so heldenmässig/ sondern
als ein senfflorn/ und glimmendes tächtlein/ bleibet er doch/ wegen dessen den er ergreiffet/ eben derselbige theure glaube (ἰσότιμος 2. Petr. 1/1.)
den die Apostel selbsten gehabt/ daher zu unserer seeligkeit nicht von weni-
geren kräfften. Und mögen also auch andre Christen diese worte Pauli ihnen zueignen von seinem kampff/ lauff und glauben/ ob schon in un-
terschiedlichen graden/ staffeln und maß/ so wir nicht leugnen. * Ist
das eine/ nemlich Pauli kampff. Was erwartet aber/ nun in dem
andern theil/ Paulus in das künfftige? mit einem worte/ eine Krone. Solche aber besser zuverstehen/ betrachten wir dieselbe in drey-
facher absicht/ 1. als eine gewisse. 2. künfftige. 3. herrliche.
Von dem ersten heissets/ hinfort ist mir beygelegt. Es heisset
hinfort/ in seiner sprach eigentlich/ was noch übrig ist: Seye also jetzt nach seinem bevorstehenden seeligen ende nichts anders mehr
übrig oder zuerwarten. Gebrauchet sich auch sonst dieses wortes
so viel lieber/ daß er nicht saget derowegen/ und solches kampffs/
lauffs und glaubens willen/ da man meynen möchte/ es wäre durch
dieselbigen etwas verdienet: da er aber schlechter dings saget hin-
fort/ zeige er allein/ daß diese kron auff jene folge/ sie seye der endliche
schluß des wegs/ ob schon ohne verdienst/ und also allein ein fortse-
tzung/ der hie an uns angefangenen väterlichen gnaden. * Es
stecken aber auch einige lehren hierinn/ nicht allein daß demnach das
menschen glaube/ wie solcher in seinem letsten abdruck beständig geblie-
ben/ das jenige seye/ auff welches die seeligkeit erfolget/ und demnach
auch das seyn müsse/ aus dessen absicht GOTT den menschen erwehlet; sondern auch/ daß auff den kampff und lauff/ so hie auff der welt biß

C   an

II. Corona.
consideranda. ut
I Certa. (1. continuatio
λοιπόν.

an ein ſeelig ende geführet wird/ nichts anders folge als ohnmittelbar die ſeeligkeit/nicht aber irgendein neuer kampff oder neues leiden in dem Fegfeür/da er noch müßte laſſen/die an ihm noch anklebende ſchwach-heiten/ deren er ſich durch alle ſeine ſchrifften ſchuldig gibet/ außbren-nen und abſegen. Dann wäre ſolches/ſo hieſſe es nicht daß der kampff und lauff vollendet/ daß nichts mehr als die kron übrig ſeye. In deme das herbſte noch bevorſtünde/und ein ſchwerer leiden/ als er in ſeinem gantzen leben ausgeſtanden. Wird alſo auch an dieſem ort das fegfeür von der ſchrifft nicht erkunt. Wo man aber ausnehmen wolte/daß mit Paulo es etwas beſonders ; in dem er als ein groſſer heiliger/ Apoſtel und Märtyrer des fagens nicht bedorfft wie andere gemeine Chriſten : ſo ſtreitet ſolches nicht allein darin wider die ſchrifft/ da Paulus ſich offt vieler unvollkommenheiten erinnert/ ſondern auch weil/daß er von ſich ſelbs ſaget/ klar zeuget/ es geht auch alle die an/ die an die Chriſti erſcheinung lieb haben ; haben ſich alſo auch andere fromme kinder Gottes nach, ih-rem ſeeligen abtruck eben der ſeeligkeit ſo unmittelbar zu verſehen/ als er der Apoſtel. Iſt aber nach dieſem leben dann nichts mehr übrig/als ſolche kron bey den Chriſtlich-ableibenden/ſo wird hingegen auch bey de-nen/ die hie ſich nicht zu beſſeren befliſſen/ auch wiederumb nichts übrig ſeyn/ als das verderben ; und hoffe keiner/ daß alsdann ſich das jenige ändern laſſe/ was da einem jeden zugeſprochen wird. So nehme ja jeglicher ſeiner ſchantze beſſer wahr/ dann wer weiß/ob nicht ich oder du/ noch in dieſer ſtunde mit dem ſtündlein überfallen werde/ wo, es heiſſen wird/nun iſt nur noch eines übrig. So ſihe ja zu/ daß alsdann ſol-ches nicht ürgend ein ſchwefeltranck ſondern die ehrenkrohn ſeye. Einen troſt mag dieſes geben ; nimmet man uns auch in der welt was wir ha-ben und wiſſen/ den leib/gut/ ehr/ kind und weib/laß fahren dahin ; die-ſes λοιπόν, dieſes übrige erſetzt es alles wieder ; truß der uns daſſelbe neh-men ſolte! es bleibet uns einmahl übrig/ wo uns auch ſchon leib und ſeel verſchmachtete. Pſalm. 73/ 26. * Und zwar daſſelbe ohn einigen zweiffel/ drumb heiſſets beygeleget. Es ſcheinet man ſehe auff die-ſe gewohnheit/daß die kronen/ſo da den ſiegern wurde beſtimmet/an einem erhabenen ort hiengen/und alſo gleichſam beygeleget waren/ daß niemand ſolche raube konte/biß endlich der ſieger/nach dem ihm ſolche von den kampffrichtern zugeſprochen/ ſie zu handen nahme. (Plutarch, ἐξ φιλοτιμίας. ſihe auch 1. Cori. 9/ 24. 1. Timoth, 6/ 12.

Phi-

Philipp. 3/12.) So heissets auch da/es seye unsere seeligkeit beygeleget bey GOtt. Daß sie uns sicher bleibe/ biß sie uns wircklich
geliffert werde. * Zeiget uns dieses alsobald/wie wir unsre seeligkeit
ansehen sollen/ nemlich/ als ein gut/ so längst zu wegen gebracht durch
Christum/ auch welches längst uns zugeeignet in unsrer bekehrung/ daß
nach Tit. 3/5. machet uns GOtt seelig bereits in der wiedergeburt:
aber es ist uns gleichsam der völlige genuß derselben noch nicht ausge-
antwortet; und hält sich in seiner maß mit uns 7 wie dort Paulus
Galat. 3/1. von den erben des A. T. redet/ daß ob wir wol herren seynd
der güter/ doch die verwaltung derselben/ da wir noch nicht tüchtig gnug
darzu sind/ bey GOtt ist. Solten wir allezeit so ohne eusserliche gefahr seyn/ oder stätige freude und trost allezeit so empfinden/ wie wir irgend wünschen möchten/ und es scheinen solte/ daß es denen gei örete/
die schon selig in der hoffnung heissen Rom. 8/24. So möchte leicht
geschehen/ daß weil wir noch hie mit dem sündlichen fleisch allezeit uns
schleppen müssen/ und also die Schätze/ die uns bereits gelieffert/ alle in irdenen gefässen tragen. 2. Corinth. 4/7. wir etwa in sicherheit
geriethen/ und also uns gar der gegebenen güter verlustigten. Dahero
dann GOtt zu grossem unserem besten/ hie allein so viel voraus giebet/
was uns vonnöthen ist/ welches uns manchmahl düncket kärglich zu
geschehen: den völligen besitz aber der güter sparet der HERR uns/ biß
wir/ nach abgelegtem fleisch/ nunmehr vollkommen heilig und folgends
ohne gefahr seyn werden/ als dann uns zuliefern; unterdessen wirds in
göttlichen händen auffgehaben/ als ein teures depositum und beylage.
Coloss. 1/5. Welches einen grossen trost giebet/ daß wir sicher seyn/ es
seye unser schatz an solchem ort/ wo die diebe nicht nachgraben mögen.
Matth. 6/19. und seye der HERR mächtig und treu genug uns unsre
beylage zu bewahren. 2. Timoth. 1/12. Ja daß wir eben deßwegen
auch unserer seeligkeit in das künfftige gewiß seyn mögen/ weil solche
nicht von uns sondern GOtt verwahret wird. Nur daß doch jeglicher das dabey auch wisse/ daß er selbs solche beylage GOtt dem
HERREN gleichsam aus den händen reissen möge/ wo er diß sein
ehrenträntzlein so ihm bestimt mit muthwilligen sünden dem teuffel ü-
bergiebt; wo dann GOtt keine schuld nicht hat; auch eben dieses daß
solche seeligkeit uns auffgehaben geweßt/ aber von uns verstossen wor-
den/ die verdamnuß desto schwerer macht. Dann jeglicher gottloser

wird auch von GOTT deswegen geſtrafft/ als der da die ſeeligkeit /die
ihm GOTT beſtimmet / und vielen in dero erſten früchten geben
worden/ freuentlich und verächtlich mit füſſen von ſich geſtoſſen/ damit
Göttliche verwahrung/ ſo viel an ihnen iſt/ unkräfftig machen. Auch
ferner/ welcher dieſer beylage auff das künfftige verſichert will ſeyn /der
ſehe zu erſt zu/ daß er auch vorhin gewiß/ daß vor das gegenwärtige ſolche beylage vor ihn bey GOTT ſeye. Dann ſie iſt zwar von Chriſto
allen erworben/ es haben ſie aber keine andre/ als die da durch glauben ſie
ihnen zu eigen ge.machet. So prüfe ſich ein jeglicher vor/ ob in düſem
augenblick er auch in göttlichen gnaden ſtehe; gibt ihm das ſein gewiſſen zeugnuß/ ſo iſt er nicht allein vor dißmahl verſichert / ſondern daß
auch GOTT eben ſolche beylage ihm werde bewahren biß ans ende :
findet er aber/ daß er göttlicher gnade ſich jetzo nicht zu erfreuen hat/ ſo
wäre es eine groſſe vermeſſenheit ſich dieſelbe auffs künfftige noch ver-
ſprechen/ wo man nicht ſie vor in wahrer buß zu wegen gebracht. Dann
Gott hat keinem die beylage auff/ die ſolche nicht gleichſam ſelbs Gott
zu verwahren gegeben. Wie aber ſolches prüfen geſchehe/ wird etwa zu
anderer zeit gelehret. * Wir betrachten nunmehr die treu ſetzer/ als eine

2. futura
1.) tempus.
ἐν ἐκείνῃ τῇ
ἡμέρᾳ.

künfftige. Da ſtehet/ an jenem tag. Es ſihet jeglicher/ daß ihm geredet werde/ von dem jüngſten tag/ welchen auch bald drauff die erſcheinung des Herren nennet. Er heiſſt ihn einen tag/ nicht das eben
es ein gemeiner tag von 24. ſtunden/ ſolte ſeyn/ in dem ſich nicht wol
einzubilden/ wie über ſo kurtzer zeit die majeſtätiſche zukunfft des Herren / die aufferſtehung der todten/ und daß mit ſolcher herrlichkeit
beſchriebene gerichtſolte gehalten werden : ſondern tag heiſſet offt in
der ſchrifft eine auch wol langwärende zeit/ wie wir etwa ein reichs-
oder lands-tag zunennen pflegen/ der da eunige jahr begreiffen kan.
Er heiſſet aber jener tag/ ob zeigte Paulus gleichſam mit fingern
auff denſelben / der da nicht nur der letſte./ und alſo auch in dieſer
abſicht merckwürdigſte / ſondern welcher abſonderlich von Gou geſetzt Apoſt. geſch. 17, 31. aber vornemlich allen kindern Gottes
der lieblichſte iſt/ die da in allem ihrem thun/ laſſen/ predigten/ re-
den/ und gedancken ſolchen tag vor augen haben/ daß ſie ſtäts auff
ihn ſehen : als der ja freilich ihre hoffnung iſt. * Hieben mag dieſe
lehre angezogt werden/ das Paulus/ wen er hiemit ſeine endliche öffentliche verklärung auff den allgemeinen jüngſten tag erwartet/ eben damit
derer

derer ihre meinung verwerffe/ die da auß der Offenb. Joh. 20, 4. 5. 6.
erzwingen wollen/ es solten die seelige Märtyrer / 1000. jahr vor der allgemeinen aufferstehung aufferwecket werden / und mit Christo so viel
jahr vorauß herrlich regiren. Paulus gehörte ja auch under die
martyrer / gleichwol erwartet er erst seine herrlichkeit auff den jüngsten
tag mit allderm Christen ; und thun die jenige / dem so hocherleuchten
Apostel / ja dem h. Geist selbs / grossen schimpff an / die da diese seine
wort eines irthumbs bezüchtigen/ und nur damit entschuldigen wollen/
daß Paulus solches geheimnuß nicht gewußt ; dardurch zwar der Apostel nicht gelogen / jedoch sich selbs und damit auch andere betrogen ;
welches ferne seie nur zugedencken. Die vermahnung mag daher
genommen werden/ weil der tag der kränung ein einiger tag / das man
sich darauff fleißig bereite / so lieb einem jeglichen seine seeligkeit ist ;
dann wann hie ein tag versäumet/ mags etwa noch an den andern erse-
tzet werden/ aber dorten ist ein tag/ nach dem kein anderer mehr folget.
Den versäume ja keiner/ oder es ist ewig versäumet. Dann an demselben Tag / hat das heur göttlicher gnade / die zur busse gelocket/ bereits
auffgehöret. Wol aber denen/ die auff solchen Tag sich gerüstet/ dann
das ist alsdann der tag / welcher wie die zeit schliesset/ also die ewigkeit
anhebet. Ein tag auff welchen keine nacht mehr folget : da die einmal
auffgegangene Sonne nimmer undergehet. Trifft uns also hie der
böse tag Pred. 12/1. ein dunckeler und finsterer creutzes tag. Gedult!
sihe du allein auff diesen tag/ dann dessen seine gedächtnuß ist gnugsam
allen verdruß zu benehmen. Es wird noch der Tag anbrechen / der
aller jähre betrübniß uns ergätzer. * An solchem heißt nuir/ wird
mir geben. Geben/ nemlich auß gnaden. Röm. 6/23. dann so ^{2. modus conferendi}
wird das wort underschiedlich mahl in der Schrift gebrauchet/ das
es keinen Verdienst erfordert. Matth. 20/8. heißt der herr den ar-
beitern den lohn geben/da ja auffe allerwenigste von den leisten/ die
allein eine stunde gearbeitet/ niemand nur gedencken kan / das der
lohn auß schuldigkeit / sondern auß gnaden gegeben werde. / sihe
Matth. 27/59. Luc. 4/20. 9/42. Ap. gesch. 4/33.) * Wann
aber es hie als von etwas künfftigs heißt / das alsdann der Herr erst an
dem jüngsten tag die kron geben werde/ mag gleich eine frag entstehen/
Ob dann fromme Christen nicht gleich nach ihrem todt zur seeligkeit eingelassen/ sondern/ so lange noch ehe sie derer geniessen/

C iij   auffge-

auffgeſchoben werden müſſen ꝛ Da dann zur lehre die antwort zu
mercken / daß zwar vor dem in der alten kirchen groſſe liechter vnd Vä-
ter in der meinung geſtanden / das die Seelen gleichſam ſchlaffen
(ψυχομαχία.) vnd allererſt an dem jüngſten tag nach ſolchem vn-
empfindlichen ſchlaff ihrer ſeeligkeit würcklich zugenieſſen anfahen:
welche meinung aber wider vnderſchiedliche ort b. ſchrifft ſtreitet. Viel
mehr iſt dieſes derſelben gemäß / daß wir glauben / daß ſo bald die ſeelen der gläubigen nach dem außgang auß dem leib vor gott ſein par-
ticular vnd abſonderlichem gericht ihr erfreuliches abſolution vnd ſeeligkeit vrtheil empfangen / ſie alſobald ein göttlichen anſchawen vnd der
darauß flieſſenden vnaußſprechliche freude vollkomlich genieſſen vnd ihren Gott mit anwiglicher freuden haben. Vnd ſtreitet hie wieder dieſer ſpruch nicht / dann zugeſchweigen / das offt ein ding in der ſchrifft
heiſſet geſchehen / alsdann wann es geoffenbahret wird / das es irgend
ſchon vorlängſt geſchehen ſeye: ſo wird die ſeeligkeit an dieſen ort auff
den jüngſten tag verſchoben / allein ſo fern ſie eine kron / vnd auff zweijer-
kronen offentlich auffgeſetzt vnd getragen zu werden pflegen / offentliche
ehre vnd herrlichkeit iſt : wann von Gott die ſeeligkeit / welcher ſie
bißher bey ihm gleichſam noch in geheim genoſſen / ihnen mit groſſer ehre vor der gantzen welt zugeſprochen werden ſoll. Ja mag auch, beyge-
füget werden / Paulus ſage daß ihm vnd alſo der gantzen perſon ſolche
ſolle alsdann gegeben werden; dann es freylich an deme / daß ob ſchon die
ſeele ſolcher ſeeligkeit / ſo fern derſelben eine ſeele an ſich fähig iſt / voll
kommen genieſſet / ſo iſt ſie doch noch nicht eine vollkommene ſeeligkeit
des gantzen menſchen / ehe vnd bevor auch der leib darzu kommet / vnd alſo
die perſon vollkommen wird / ſo erſt an dem jüngſten tag geſchihet: das
alſo auch in ſeiner maß die herrlichkeit der ſeelen durch vereinigung mit
dem verklärten leibe auffs neue vermehret ſoll werden. Wann wir dann
dieſes wiſſen / ſo laſſet uns nicht ſo ſehr erſchrecken vor dem tode / in dem
derſelbe der jenige iſt / welcher beſagter maſſen uns alſobald in poſſeſſion
des höchſten guts der ſeele nach verſetzet / ob ſchon dem Leib alsdann noch
die ſchande der verweſung / ſo künfftig mit groſſem glantz zu erſetzen / be-
vorſtehet. Laſſet uns auch mit gedult der zeit erwarten / wann ſolche
kommen wird / ob ſchon uns offt die weile lang drüber wird / biß wir auff
erfüllung dieſes futuri kommen / vnd es immehr heiſſer giebet. Am
allerwenigſten aber laſſet uns meinen / daß weil hie auff der welt die liebe
glau-

glaubige ihre Kron noch nicht eh, übrig noch sehen/ sondern manchmahl allein vormeln schmitz, oder storchzpeiten ihre ihrem erlöser tragen müs-
sen/ die göttliche gerecht machet ihrer vergessen habe. O nein! die rad-
kin an der uhr die gehen immer fort/obs schon nicht all augenblick schlä-
get; aber wo es nunmehr an das bestimte minet kommet/ so lasset sich das
schlagwerck nichte auffhalten/ sondern folget der schlag augenblicklich.
So auch ja auch dem es lang geheissen/ er wird mirs geben/ er wird mirs
geben/ so wirds noch länger dermaleins heissen/er hats gegeben Welches
der je erst ist/ und zwar solcher so viel kräfftiger/weil es sol seine gabe seyn/
eine kron/ die schon vorhin unser ist aus göttlichen gnaden/ wie es dan
vorhin geheissen/ daß sie uns beygeleget seye: es wird meinein auslief-
serung dessen so uns geschencket/ und GOtt sie uns als gleichsam
ein vatter seinem kind auffgehoben. * Was ist aber solches erwartende
gut? Wir betrachten nunmehr also die herrlichkeit/ als die dritte 3 gloriosa.
absicht. So erhellet aber dieselbe 1: aus dem nahmen selbs. Es (1) natura
heist eine Krone. Wir führen / weitläufftigkeit zu vermeiden / 6 separo.
nichts aus heldnischen schrifften/von dem pracht und solennität
der kronen bey den alten. Gnug ists/ daß nach aller sprachen und
völcker art/ die kron vor das höchste/herrlichste / erfreulichste und
würdigste gut gehalten wird : damit hohe häupter und könige/ tri- ste Sprüch-
umphirende sieger und tapffere helden / auch wol braut und bräuti- 4/9. 17/6. Je-
gam prangeten. So ist dann ja freylich das ewige leben und see- lirp. 4/1. I.
ligkeit die kron/als welche das höchste/herrlichste/erfreulichste und Ihessa 1/19 P-
würdigste gut ist. Was kan höher seyn als GOtt? num ist auch 21/4. 61/11.
der jnnersohn 1. Mose 15/1. und also auch unsre kron. Was ist herrlichter/ als die vollkommene heiligkeit/damit unsere seelen gezie- 10. 1/ 11. Ja-
ret / und die verklärung/damit unsre leiber beehret werden sollen ? Petr.5/4. Do-
Was ist erfreulicher/als wann nunmehr die braut Christi/ mit sol- belleb. 3/11.
cher hoch z[?]kron geschmücket ihrem bräutigam in die arme gehet ?
Offenb. Joh. 19/7. 8. 21/2. Was ist würdiger als königliche ehre und siegestrimph ? Nun wie wir das königliche priesterthum
seyn 1. Pet. 2/ 9. Offenb. 1/ 6. so wird solche würde erst durch
solche kron offenbar. Auch wird unser sieg/mit dem wir den feinden
obgesieget / und göttliche ehre befördert/ auch irgend andre neben
uns erhalten (corona civica) vor der welt fast nicht eher als durch
solche kron beglaubet. Das laß mir eine krone seyn ! * Und
zwar

war auch eben umb des nahmens der krone wiſſen unverdienet / dann
die kronen wurden den ſoldaten aus freyem willen gegebe (coronæ dona-
ticæ) und wo nicht ein krone freywillig verſprochen worden / ſo kunte
man keine fordern / daß alſo auch kämpffer ohne krone geblieben. Laſſet
uns aber / weil ja ſo ein herrliches gut uns vorſtehet / nicht ſäumiger ſeyn /
als die alte kämpffer / die ihnen umb etliche lorbeer / eppich / eichen oder andre blättlein in dem kräntzlein ſo lange weite machen. Bey uns iſt der
mühe werth. Dann da königs-kronen leicht auff dem kopff ſtehen / und
offters fallen. Siegeskronen auch nicht beſtändig / ſondern man offt
den ſenigen ſodamit gepranget / irgend im weniger zeit zu bauen geſehen, die Meyen blumen und Roſenkräntze der jugend und wolluſt zeitlich verwelcken Weißh. 2/8. So heiſſet allein unſer krone
2ſ. 1. Petr. 1/4. ſ/4. unvergänglich / unbefleckte und unverwelckche? Die wie bey den alten kronen von der eine zeitlang unverwelckche
blum Amarantho, hie nicht nur zuiſend ſondern ewig grün (Philoſt.
in Heroic.) gemacht / allein ewig unverwelctlich iſt, und die rechte ſicherheit mitbringet, dann wo wir dieſem die ſenige laß trane wurde
dadurch vor gewalt geſichert worden (Eurip. Heracl. act 1.) iſt
tron vielmehr verſichert / weil alsdann alle unſere feinde uns unter
füſſe geleget ſeyn werden. * Sie iſt aber 2. ein tron der gerechtigkeit.

(2) adiuſtū.
τῆς δικαιοσύ-
νης.

Hie wird offt die ungerechtigkeit gekrönet / und da die kleinen diebe
den ſtrick an den halß kriegen / tragen offt tyrannen / die ſich ſelbs auff-
werffen / oder andre widerrechtlich unterdrucken / eine Königs kron
auff ein weil zu lehn davon: da aber endlich wenig ſegens dabey:
daß ſie etwa in kurtzen jahren der welt zu ſpott werden. Aber dieſes iſt eine tron der gerechtigkeit nicht nur in dieſem gegenſatz / ſondern auch wir ſehen ſie an / wie wir wollen. 1. Sie kommet von göttlicher gerechtigkeit / welche (wie auch hie in dem Syriſchen ſtehet
corona æquitatis.) vielmal in der ſchrifft ſeine milde / güte und barmhertzigkeit heiſſet Pſalm. 103/17. 1 Joh. 1/9. (ſihe Pſ. 112/9. Dan.
4/24. 9/16. Matth. 6/1. 2. Cor. 9/20.) Ja auch 2. göttlicher
eigentlicher gerechtigkeit / ſo ſich durch verſpruch zu gebung ſolcher
tron verbunden. 3. Sie wird allein den gerechten gegeben: die nemlich in wahrem glauben an Chriſtum ſeine gerechtigkeit ihnen zu eigen gemacht / und nachmahl einen gerechten wandel zu der GOTT-
ſchuldigen danckbarkeit zu führen / empfangen. Bleibet alſo eine
tron

kron/damit bey uns/ob schon nicht die gerechtigkeit des gesetzes/ die
wir nicht haben / jedannoch die gerechtigkeit des Evangelii von
Gott aus gnaden getröstet wird. Sie ist auch eine kron der gerechten
sache/dafür Paulus und andre Christen/ob sie schon vor ihre person nicht völlig gerecht sind/streiten.   Sonderlich zum 5. dieweil
die vollkommene gerechtigkeit/ die wir in göttlichem ebenbild durch
den fall verlohren/ein stück dieser kron ist/und uns damit wiederbracht wird. Esa. 61/10.   * Ist eben dises die lehre selbs/wie auff alle weise diese kron bey der gerechtigkeit seye.   So laßt uns dann nicht
suchen die weltliche krone/die vielmehr beschwerden haben als vortheil/
nicht die kronen des greulichen thiers / dabey nahmen der lästerungen
sind. Offenb. 13/1. noch der heuschrecken. Offenb. 9/7. Nicht des
Bacchi oder Venus-kränze/mit vielen trincken zu verdienen; nicht die krän-
ke der selbst-gerechtigkeit/ oder auch eiteler Ehre.   Dann wer da diese kronen lieber und suchet/ der dencke nicht/ daß an jenem tag er die herrliche
kron empfangen werde; er hat sein gutes in diesem leben dahin. Die aber
größte ist: daß weil uns billich nichts höher ansicht/als daß/da wir
hier zu nahe noch können GOTT dem HERRN in vollkommener gerechtigkeit dienen/wir unsere sündliche schwachheiten in dem grab werden ligen lassen/ und in dieser kron völlig gerecht / und ohne mackel er-
scheinen/ unter den 24. Ältesten. Offenb. 4/4. Welches fromme
Christen vor das vornehmste solcher herrlichkeit halten.   * Nun/sel-
che erscheinet auch 3. aus der majestät des gebenden. Wir fassens (3.) maje-
zusammen/ so heissets/der HERR/ der gerechte Richter/ Ist stas dantis.
JEsus Christus/nach beyden naturen/ in dem er die macht des ge- 1. quis ò xú-
richts empfangen/Joh. 5/27. darumb daß er des menschen Sohn. e.G.
ist: So zeigets auch die meldung seiner erscheinung. (sihe Apost. 2. quid.
gesch. 17/31.) Der ist nu der HErr/ als welcher absonderlich in xειός.
dem N. T. sonderlich in dem stand seiner erhöhung pfleget mit dem 3. qualis.
nahmen HERR genennet zu werden/als der uns durch die erlö- díxa Ꝋ.
sung erkaufft. Er ist aber hie seinem ampte nach ein Richter / wie
er sich in dem gantzen process also darstellet Matth. 25. und zwar
ein gerechter Richter / als bey dem kein ansehen der person ist.
* Hie möchte sich gleich dann fragen/ weil Christus in auffsetzung der
kronen ein gerechter richter heisst/ob dann nicht darauß folge / daß
doch den kampff und gute werck von den glaubigen diese krone

                              D   ver-

verdienet werde/ weil ja ein gerechter Richter / jeglichem allein
nach ſeinem Verdienſt lohnet ꝛ Wir ſagen nein dazu/und hilffet dieſer ſpruch wideriger meinung im geringſten nicht. Dann die Älteſten
werffen ſelbs Offenb. 4/ 10. ihre Kronen zu den füſſen des ſeſſels zum
zeugnüß/ daß ſie alleſ ſie aus gnaden haben. Soheiſſets Pſalm. 21/
4. du überſchütteſt ihn/ oder in ſeiner ſprach/ du kommeſt ihm zuvor /
mit gutem ſegen/ ehe es heiſſt/und ſetzeſt eine güldene kron auff ſein haupt.
Und in dem GOTT gnädig iſt/ bezahlet er einem jeglichen wie er verdienet Pſ. 62/13. Jar iſt gerecht in dem er ſünde vergibet 1. Joh. 1/
10. So iſt auch an dem groſſe tag des gerichts barmhertzigkeit. 2. Tim.
1/18. Ein mehrers folgt nemlich. Und bleibet doch Chriſtus darinnen ein
gerechter Richter / wider ſein ſelbs willen / weil es göttlicher gerechtigkeit gemäß/ daß da Chriſti es ſo ſaur werden uns zu erlöſen / ſolches
nicht vergebens geſchehen ſeye/ ſondern das jenige was der HERR uns
verdienet/ auch würcklich gegeben werde allen / in ſeim verdienſt ihnen
zu eigen gemacht. 2. Und göttlichen verſpruchs-treue und warheit willen. Dann auch der jenige/ welcher aus gnaden etwas verſprochen /
macht ſich damit ſchuldig/ ſein verſprechen zu halten. Da alsdann der
andere ihn bey ſeiner zuſage halten/ ſich aber keines verdienſts rühmen
kan. (ſihe Heb. 6/10. 17.) Iſt GOTT alſo darinn mehr gegen ſich ſelb
als gegen uns gerecht. 3. in gegenhaltung gegen den gottloſen/ da es
ungerecht ſeyn würde/ wo es fromme nicht beſſer haben würden als ſie;
ja auch gegen andern/ die bereits in eben ſolchem glauben die ſeeligkeit
würcklich erlanget: daß ſie den in gleichen fußſtapffen nachfolgenden
nicht gewegert werden kan. Anders zu geſchweigen. Nur allein wollen wir hören/ was der liebe Altvater Auguſtinus (ad Valent. de grat.
& lib. arb.) davon ſaget: Wem gebe der gerechte Richter die krone/ wo
der barmhertzige Vatter nicht die gnade dazu geſchencket härte? oder
wie wäre gerechtigkeit/ wo nicht die gnade vorgegangen/ die den gottlo-
ſen gerecht machet? Wie würde jene ſchuldig gegeben/ wo nicht dieſe
unverſchuldet geſchencket worden wäre? Ja wie rechner der die gerechtigkeit unſren wercken zu/ wo nicht er aus ſeiner barmhertzigkeit verber-
ge/ was ungerechtigkeit noch in ihnen iſt? Wie ſtelle er ſie eines ſohns
wehrt/ wo er nicht aus unermäßlicher güte/ das ſo an ihnen noch ſtraff-
würdig wäre / tilgete? Wir mögen aber auch noch weiter hieraus
erkennen/ daß dann die lehre von dem/ daß das ewige leben aus gnaden

gegeben werde/ nicht die Leute träg mache/ oder den eiffer zu guten wercken schlage. Dañ Paulus hat nichts desto weniger ritterlich gekämpfft
und glauben gehalten/ auch uns dessen exempel gelassen/ ob schon er sich
alleine der gnade getröstet. Wo wir aber wissen/ daß je Christus in
diesem gericht ein gerechter Richter ist/ so verlasse sich keiner auff seine
eigne frombkeit/ wie groß die auch seinen augen scheinen möchte: Dañ
die gerechtigkeit gebe nicht zu/ unvollkommenen wercken/ wie alle die unsere sind/ vollkommenen lohn / die seeligkeit/ zu geben. Er sehe aber
auch zu/ daß er nicht gar ohne gerechtigkeit vor seinem Richter erschei-
nen zulasse/ und weil er die eigne gerechtigkeit nicht haben kan/ etwa auch
Christi gerechtigkeit nicht mitbringe/ so allein denen begegnen wird / die
da entweder sich besaget massen auff die übrige verlassen / dieweil die
beyde nicht nebe einander stehen können/ oder mit muthwilliger gottlosig-
keit Christum ut hat von sich gestossen. Der trost hingegen ist/ weil
unser Richter Christus ist/ so haben wir uns nicht vor dem urtheil so zu
förchten/ dann er ist auch unser bruder und blutsfreund/ dessen hertz gegen die seine mit liebe wallet/ und kan deinnach im gericht so wenig solcher nichts als der gerechtigkeit vergessen. * Wie nun aber solche v n
Paulo beschreibende tron herrlich ist wegen der maiestät des ge-

4)bene c
amplitudo.
negata so-
litudo.
μέγοι δ̔ ῾
μοι.

kendig / so ist sie auch 4. herrlich wegen der außerwehlten gesell-
schafft. Er sagt ausdrücklich/ nicht nur allein : will also der liebe
Apostel zuvorkommen/ anderer ihren gedancken/ die etwa alles dieses
ihm alle zuzuschreiben möchten/ als der da unvergleichlich mehr als
andere/ ja auch mehr als andre Apostel 1. Corinth. 15/10. gearbei-
tet/ in welchem maß sonst andere Christen nicht eben kommlich können. Aber er schiebers hiemit von sich. * Es zeiget sich aber hierinn
nicht nur des lieben Pauli/ sondern auch selbs des h. Geistes/ aus dessen
antrieb Paulus geschrieben/ sorgsame vorsichtigkeit/ in h. schrifft alles
das zu verhüten/ so zu falscher auslegung gelegenheit geben mag / und
also den irrthummen vorzubauen: zu einem herrlichen zeugnuß/ daß
Gottes meinung seye und allezeit gewesen seye/ die schrifft nicht zuge-
ben/ daß sie uns unverständlich/ oder wol gar ein stein des anstoffes wäre / sondern solche uns so viel müglich werklärern/ damit wir daraus
selbs unsers glaubens grund schöpffen mögen. Es gehet aber auch
Paulus hie mit einem guten exempel uns vor/ warin er sich hie so hoch
drüber freuet/ daß die tron nicht ihm allein/ sondern allen mitbrüdern

bestim-

beſtimmet/ daß er hiemit ſeine groſſe liebe gegen andre an den tag giebet ; deren ſeeligkeit er ihnen nicht mißgönnet/ oder meinet er wäre ſee-
liger/ wo er allein ſeelig wäre/ ſondern hält anderer ſeeligkeit vor ein
vermehrung ſeiner eigenen. So ſollen alle Chriſten geſinnet ſeyn: und
daher auch/ wie es P.uilus ſtäts gethan/ kein mühe und arbeit/ auff was
weiſe ein jeglicher kan/ mit lehren / auſprechen/ warnen und exempel/
nicht ſparen/ daß er ſelbs helffe derer zahl vermehren/ die da neben ihm
die kron zu erwarten. Welche hertzliche begierde/ wo ſie bey uns iſt/ war
eine vornehme wirckung des h. Geiſtes bey uns zu halten/ und uns ein
pfand und zeugnuß ſeyn kan der künfftig gewiß uns beſchehrten kron/ die
wir nicht nur uns ſondern auch andern neben uns aus ſo liebreichem gemüth gönnen. * Wer iſts aber neben Paulo? B: Alle / die ſeine er-

ſcheinung lieb haben. Alle. Es wird zwar ein unterſcheid ſeyn der
grade in der ſeeligkeit/ wie aus Dan. 12/ 3. 1. Cor. 15/ 42. zu erſe-
hen/ aber doch trägt alle eine kron/ da auch die geringſte tauſentmal
herrlicher als alle weltliche. Da bekommt auch alt ein ſo theurer A-
poſtel oder Lehrer/ der ſein lebtag in der kirchen zu Gottes ehren zu
groſſem nutzen gearbeitet/ auch wol gar ſein leben gelaſſen/ eine kron/
ſondern eben ſo wol der ſchächer / Luc. 23. der etwa nach ruchloſem
leben/ noch etliche ſtunde buſſe gethan : ein armer einfältiger/ ſo in
ſeinem geringen ſtande und vor der welt verächelicher arbeit/ gleichwol GOTT glauben gehalten/ ob ſchon ſeine heiligkeit hie verbor-
gen war/ ja von ihm ſelbs nicht erkant/ ſo wol als der deſſen heiligen lebens etwa andere mögen auch offentliche erweiſthum ſehen
können. * Wann dann nicht allein die in der welt hochgerieſene
heiligen/ die vor anderen hervorgeleuchtet/ als Apoſtel / hochverdiente
Prediger/ märtyrer und dergleichen leut/ die GOTT zu groſſem wercken gebraucht/ ihre ehrenkron zu erwarten haben/ ſondern neben den-
ſelbigen alle/ auch die geringſte/ rechtglaubige Chriſten/ ſo wird uns da-
dinch gewieſen/ daß wir von keinem derſelbigen nach ihrem abſchied anders als mit ehren halten und reden ſollen. Es heiſſt einmahl Pſalm.
116/ 15. von allen Gottes heiligen (ſolche aber ſind alle ſelig-abtru-
ckende) daß ihr todt werht geachtet ſeye vor dem Herren/ wie vielmehr
ſind dann wir ſchuldig ihn werht zu halten ? Daher wie ſich etwa niemand frevel unterſtehen wird (oder deswegen offentlicher gottloſigkeit
würde belanget werden) daß er irgend von Paulo oder andern berühm-
ten

en heiligen verächtlich zu reden sich unternehme; so solte auch von anderen ob schon armen und geringen Christen / die ... die augen ge-
schlossen/ solten sie auch schon gar ihrer mißhandlung wegen von der
Obrigkeit am leben gestrafft seyn/ niemandt als irgend von todten aaß-
sen und hunden schimpfflich reden/ sondern mit gebührender liebe und
ehrerbietung/ als die da/ die welt halte von ihnen wie sie will/ von Gott
bereits der seelen nach der seeligkeit gewürdiget seynd/ die wir noch hoffen/
und erwarten eben die cron / die sie zwar mit mahrerer seligkeit die
grosse männer Gottes zu empfangen haben/ Und seye jeder gewiß/
daß wo er dergleichen einen ihm zu spott ... eine bürger des
himlischen Jerusalem beschimpffet/ ... über sie nummehr
halt/ nicht ohngestrafft lässet... Ich wil ich nicht noch anzufügen/
dann dieses schon recht genug/ daß diese herrlichkeit so weit außgebrei-
tet wird/ da wir unsre nahmen leicht unter dürfen allen finden mögen.

* Es heisset aber nicht etwa/ alle diese da ... geschimpff
haten und vollkommen gewesen/ dann sie diese ehre verdienet mögen: ... sondern die Christi erscheinung lieb haben/ das ist ja ein
geringes/ ... man nicht möchte ... sich unbalden.
Christi erscheinung (ἐπιφάνεια) heisst in der h. Schrifft: die zukunfft des Herren/ sowol die erste/ in seiner menschwerdung und
geburt/ Timoth. 1/10. Tit. 2/11. (Ob wol ... sol-
cher nahm Epiphania: in der kirchen dem tag der gedächtnuß der wei-
sen auß morgenland gegeben worden.) als nachmahl die andere am
dem jüngsten tag. 2. Thess. 2/8. 1. Tim. 6/14. 2. Tim. 4/1.
Tit. 2/13. An diesem ort ists die letztere/ deren majestät beschrie-
ben wird. Matth. 25/31. Und die derwegen die vornehmste / weil
sie, endlich ... die frucht der ersten wärcklich überreichet. Er
verstehet aber ... erscheinung alles das ... so darauff erfol-
get/ aber mit gewißheit als die aufferstehung der todten/ das gericht/
die vergehung der welt / und die einführung in das ewige leben.

+ Wann aber die schrifft so offt solche zukunfft des Herren seine erscheinung ... nicht vergebens gemeldet/ daß solche darauff
sehe/ daß Christus bereits nach beyden naturen/ darin ihn ja vornemlich von ... fehlet/ wegen ... u. deyeus hie
auff erden ... Matth. 28/20 ob wir schon derselbe noch nicht sehen
können: also daß seine zukunfft vielmehr einer erscheinung sey dessen der

(Marginalien:)
2. qualitas.
1. res dili-
genda.
τῇ ἐπιφα-
εἰ αὐτο͂.

der da bey uns iſt (ſihe 2. Theſſe 2/8.) als neue zukunfft deſſen / der da
noch nicht bey uns wäre. Weſſen wir uns bey ſolchen erſchei-
nungen Chriſti unſerer ſchuldigkeit ſoll erinnern / mag jeglicher ſelbſt
Tit. 2/ 11.12.13. ſehen. So wird es auch an ſolchen trauß...
glen. Iſts ein erſcheinung / ſo iſt der HErr bereits ſelbſt bey...
ſtehet uns bey: welche gegenwart ob ſchon ſie unſern augen...
bar / dannoch dem glauben über alle maſſen tröſtlich iſt. Sonderlich
weil auff dieſelbe eben durch dieſe erſcheinung die ſichtbare gegenwart
unſers liebſten heilands uns alſo wiederbracht wird / daß wir derer in e-
wigkeit nicht mehr verluſtigt werden mögen. Schließlich...

2 actus dili-
gendi.

die ſolche erſcheinung lieb haben / oder ſie lieb gehabt...
dieſer zeit / ehe ſie noch der oberrlichkeit geſehen. Es heiſt aber ly-
ben in der ſchrifft etwas nicht allein hoch halten / ſondern auch mit
inniglicher begierde verlangen. (ſihe Pſalm. 34. 119/48. Jeſa. 1/ 23. 64. Matth. 23/6. Luc. 11/... Johann. 3/19. 12/43.) Dieſer verſtand iſt auch da. Und zeigt gleich
zum unterricht / wie wir geſinnet ſeyn ſollen gegen dem jüngſten...
nemlich uns nicht davor als vor unſrem feinde...
heiſſt Luc. 21/28. hebet eure häupter empor / denn ihr...
re erlöſung naher: daher auch nicht ihn haſſen / oder wünſchen / daß
er nimmermehr käme / ſo die gröſſeſte gottloſigkeit / und ein...
eines gemüths / welches ſich auff den jüngſten tag nichts...
Vielmehr ſollen wir uns herzinniglich ſeiner freuen / ſo offt wir an ihn
gedencken oder von ihm hören. Iſt alſo ein irrthum / wa wir meinen /
dergleichen gedancken von dem jüngſten tag oder tode machen an ſich
ſelbs die leute melancoliſch oder betrübt. Wir ſind auch ſchuldig in dieſem verſtand täglich zu beten / HERR dein Reich / vornemlich
dein glorreich / darinn nunmehr alle deine feinde werden zu deinen füſſen
liegen / und alles reich allein dein ſein / zukomme uns. Wollen wir
aber ſolchen tag können lieb haben / ſo müſſen wir auch ſonſt uns alſo
halten / daß wir nicht urſach haben ihn zu förchten / daß er könne ein
tag unſerer erlöſung ſeyn. So iſt der troſt / ob wol der weg in Gottes
rath gewiß / ſo gefällt ihm doch unſere begierde / und ſehnliches flehen
nach demſelben und ſeiner förderlichſter anbrechung / weil wir darinnen
beten nach ſeinem willen / herrlich wol: er erwecket dadurch in unſeren
herzen eine großmütige verachtung der eitelkeit / und ſolchen troſt / den
nic-

niemand verstehet / als der ihn gefühlet / ja recht den süssesten vorge-
schmack selbsten der erwartenden seeligkeit.   Wann also eine glaubige
seele und braut Christi seuffzet aus der Offenb. Joh. 22/ 17. komme/
so antwortet der Herr durch seinen geist in dem hertzen mit empfin-
dung sonderbarer süssigkeit v. 20.   Ja ich komme bald. Amen.
Ja komme HERR JEsu. Amen.

Beschluß zusamt den Personalien.

WIr nehmen aus dieser abhandlung zur haupt lehre/ nicht
zwar aus zuführen/ sondern allein E. Chr. L. eignem
nachdencken zu überlassen/ Was ein seeliger wechsel
es seye bey frommen kindern Gottes/ den sie durch ihren tode
treffen!   Es heisset hie kampff/ dorte sieg ; hie lauff/ dorte ruhe; hie
glaube/ den wir GOtt nicht ohne beschwerde hie halten müssen/
dort Gottes glaube und treue/ darinnen er uns mit glori und segen
überschüttet. Ἀπὸ ... ἐπὶ δὲ οἱ σὶ παρὸι, welcher spruch Ignatii
billich aller Christen spruch seyn solle ; hie der kampffplatz/ dort
die kronen.   Mit wenig worten/ hie jammer / elend und gefahr/
dort seeligkeit/ sichere/ ewige kron.   Nun! wer Pauli kron hoffet/
der kämpffe 1) Er lasse sichs nicht verdriessen/ daß er von dem teuffel
viel geplagt/ von der welt viel gehasset wird/ und seines fleisches begierden abbrechen muß.   Er lauffe freudig einher in den wegen
Gottes/ und beharre biß ans ende.   Er halte glauben/ und lasse
ihm täglich vor augen stehen/ was er seinem GOtt in der tauffe
versprochen.   Er halte sich alsdann ohneracht seiner schwachheit
in wahrem glauben seiner seeligkeit versichert / jedoch daß er nicht
reinigkeit und sicherheit vor glauben ansehe/ und sich selbs damit betrüge.   So ist diß der trost; kämpffen wir /so kämpffet Christus mit/ und hilffet uns: Wir dörffen ihm gleichsam nur die hände darleihen/ er will selbs mit solchen die streiche führen.   Lauffen
wir/ so gibt er die krafft / und hilfft uns vollenden; er stärcket die
... / und erquicket die strauchlenden knie.   Werden wir
... irren an ihm / so lässet er uns nicht aus seinen
treuen händen fallen.   Was ... ich dann den teuffel ? Chri-

stus

ſtus ſein überwinder iſt mein bruder und richter: die ſünde? uns iſt
beygeleget die krone der gerechtigkeit: die welt? der tag ſo uns krö-
net/ wird ſie verdammen; der todt? unſer beyſtand JEſus iſt dery.
ſo keinen erſt läſſt in dem letzten kampff unten liegen / ja er iſt die
thür zur ſeeligkeit/ die ewig wären/ und zur krone/ die wir empfangen
ſollen.

Welche ſeeligkeit und krone dann eben die jenige ſind/ die ſchon
theils der ſeelen nach empfangen hat/ theils noch an jenem tag erwartet die eingangs hocherneñte / weiland. Durchläuchtige
Fürſtin und Frau/ Frau Maria Johanna Pfaltzgrävin bey
Rhein / Hertzogin in Bayern / Grävin zu Waldentz und
Sponheim. etc. gebohrne Grävin zu Holſtenſtein/ Frey-Fr.
zu Gundelfingen. etc. unſere gnädige Fürſtin und Fr. xc.
Wann wir aber dero nach nunmehr vollendeten lebens auff ſeligen
krönung und bereits droben genieſſender beylage in dieſem unſerm ge-
dencken/ ſo geziemet ſich auch des vorhergegangenen kampffs und
lauffs in dero leben meldung zu thun / auff welchen jene gefolget.
Nicht zwar als wolten wir darlegen / oder ob wäre J. F. G.
hoch f. ged. dieſer gedancken geweſen/ einige verdienſt und ſolches leben geführet zu haben/ dadurch die beylage und kron von dem gerechten Richter verdienet worden; dann wir nicht allein unſerer
ſchrifftmäßigen glaubens-bekantnuß/ nach welcher wir gnade und
nicht verdienſt ſuchen/ dero auch hocherneñte ſeelige Fürſtin gern
beygepflichtet / uns billich erinnern / ſondern auch ihr gantzes le-
ben/ ſo wenig als einiges andern / unter denen die hier noch in dem
kampff nicht eitel mit andern wiederwärtigen/ ſondern auch der ſünde und eigenem ſündlichen fleiſch liegen/ davor auszugeben könñe/ daß
ſolche aus deſſen heiligkeit und reinigkeit hette dörffen vor GOTT
erſcheinen/ vielmehr haben auch J. F. G. allein in dem blut des
ſündentilgenden lammes ihre mit ſchwerem ſünden wuſt befleckte
kleider zu waſchen/ und damit vor dem Erlöſer ſich zuſtellen vertrau-
et. Sondern allein geſchihet ſolches/ E. E. lieb zu zeigen / durch
welchen weg die göttliche unausſprechliche barmhertzigkeit dieſe
unſere ſeelige Fürſtin zu dieſem ende geführet/ und mit welchen gua-
den ſie ſolche bereits zeit lebens bekrönet. Solchen nun J. F. G.
Chriſtmilden angedenckens geführten Lebenslauff belangende/ halten

len uns in der enge/massen E. E. Lieb in bevorstehender Fürstlichen
abdanckung/ daraliff wir uns beziehen/ [1] mit einigem mehrern bericht empfangẽ werden/ lassen es allein dabey bewenden/was an diesem ort die hochtnrfft zu erfördern scheinet. So ist nu J. F. G. vor
53. Jahr als 1612. 8. Sept. N. C. da es der tag Mariæ Geburt/
zu Wurstisperg/von Hochg. Eltern/namentlich dem weiland Hochgebohrnen Gr. und Herrn/Herrn Rudolff/des in Schwaben ur-
altem vor vielen do jahren hochberühmten geschlechts letst ver-
storbenen Gr. zu Helffenstein/Freyh. zu Gundelfingen/H. zu
Sannigreich Wildenstein/Mößkirch und Wiesensteig/ und
der auch Hochgebohrnen Gr. und Fr. Fr. Eleonora Gr. zu Für-
stenberg/Heiligenberg und Werdenberg/Landgr. zu Baar &c.
bey der hochseeligen angedenckens/an diese welt erbohren/und bald
darauff durch die wiedergeburt in der h. tauff der allgemeinen Christ-
lichen Kirchen einverleibet/ und also zu diesem kampff / lauff und
darauff erfolgender cron und seligkeit gleichsam eingeschrieben worden. Es haben auch auf solches hochernennte hochgr. Eltern an ihrem
fleiß nichts ermangeln lassen/ dero geliebte Frl. Tochter/ so bald die
jahr es licht herbey kommen/ zu allen dero stande und weiblichem
geschlecht anständigen tugenden und haußhaltunge auffzuziehen
und anzuhalten. Daß dannenher derselben ruhm zeitlich auch bey
andern erschollen/und anlaß gegeben/daß solche noch zimlich jung/
als in dem 14. jahr ihres alters/von dem auch weiland Durchl. Fr.
und Herrn H. Maximilian Adam Landgr. zu Leuchtenberg/
Gr. zu Halß und Rouch &c. zu einem Fürstlichen Ehegemahl
begehret/und durch unterhandlung Churf. Durchl. in Beyern/
von den hochgr. Eltern zugesagt / auch folgenden jahrs 1627. ƒ.
Maj. beygeleget worden. Nachmahls und in dero wittwenstand
sind solche aus eben solches ruhms anregung von dem auch weiland
Durchl. F. und H. H. Christian Pfalzgr. bey Rhein/ H. in
Beyern/Gr. zu Veldentz und Spanheim &c. unserm weiland
gn. Fürst und H. zum andernmal zu Fürstlicher ehe begehrt/der ver-
spruch zu Neuenstein 1648. vollzogen/und drauff die heimführung
an dieses ort hiehero geschehẽ. Welcher beyder nacheinander gehabter Fürstlicher ehegatten auff sie geworffene / und stets continuirte
affection und liebe dero tugendruhms zeugnüß gnugsam geben kön-

C   nen.

nen. J. F. G. Chriſtenthum und Gottesforcht / damit wir
an der fren aller tugenden anfangen/ mag dieſes einige zum erweiß
dienen/mit was heroiſchem gemůth und ſtandhaffrigkeit dieſelbe des
H. Geiſtes leitung zu wahrer erkantnuß des H. Evangelii platz gegeben haben.   Es waren J. F. G. von dero geliebten Eltern/ in
der Römiſchen/ſo genannten Catholiſchen/kirchen gebohren/ erzo-
gen und unterrichtet.   Nach dem aber dieſelbe zu allerforderſten
auß leſung göttlicher ſchrifft/da ſie dero zu handen kommen / auch
andern guten büchern / durch welche der grundgütige GOtt dieſelbe anfienge zu erleuchten/und ſein werck fortrriebe/bey ſolcher ihrer kirchen diejenige irrthumb und lehren befanden/ dabey ſolche er-
kanten/daß ſie ihre ſeeligkeit nicht erhalten möchten/ zog ſolche ihren
erlöſer und die wahrheit aller zeitlichen wolfahrt vor: Daß ſie dem ge-
wiſſens trieb ſtatt gaben/und in des H. R. Reichsſtatt Nördlingen/
nach empfangenem gutem unterricht von dem teuren und umb ſelbe Stadt hoch-verdienten Theologo H. G. Allbrechten 1645. zu
der unſrigen Evangeliſchen und recht uralt-Catholiſchen kirchen
der Augſp. Confeßion ſich offentlich bekanten / hindangeſetzt aller
gefahren/ ſo ihro aus ſolchen urſachen zuwachſen mögen/ auch zuge-
wachſen ſind. In welchem dero gefährlichen zuſtand J. F. Gnaden
die treue/hülff und beyrathung beyder Durchl. F. und H. H. Chri-
ſtian Marggr. zu Brandenb. &c. nunmehr Chriſtmilden ange-
denckens/ und H. Eberharden H. zu Würtenberg &c. offters
danckbarlich zu rühmen pflagten. In ſolcher erkanten warheit m-/
ſind J. F. Gnaden nachmahls zeit ihres lebens beſtändig beharret/
dem grundgütigen GOtt vor ſolche unſchätzbare wolthat danck
geſagt/ an wiedrigen lehren eine abſcheu gehabt/ die predigten göttlichen worts ſonderlich in hieſiger Schloßkirchen/nebens gebrauch
des H. abendmahls/fleißig beſucht/ auch die ihrige dazu/wie nicht
weniger abends in dero gegenwart zu gebet und leſung der h. ſchrifft/
weil ſolche ſelbs aus blöde des geſichts es nicht ohne beſchwerde ver-
richten kunten/ angehalten.   Aus ſolchem guten brunnen des wahren glaubens / floſſen in den übrigen wandel des lebens allerhand
geziirlich und Chriſtliche tugenden. Wie dann dero eheliche treue/
zucht und keuſchheit beyde geliebte Eheherren hoch vergnüget. Ihrer gutthätigkeit werden wie an andern orten/alſo vornemlich/ von
hie-

hiesigen unterthanen und der nachbarschafft/ viel arme / die dero zu
ihren nöthen/ wie mit andern milden gaben/ also absonderlich nach
J. F. G. gehabter guter wissenschafft und erfahrung mit allerhand
artzeneimitteln aus dero hoffapoteck in kranckheiten mit rath und ver-
schub erfreulich genossen/ beglaubtes zeugnuß geben/ auch J. F. Gd.
als ihre grosse gutthäterin/ die sie nie lähr abgewiesen / schmertz-
lich beklagen. Der haußhaltung/ deren sie gnugsam verstand hat-
ten/ nahmen J. F. G. sich löblich und ernstlich an/ hielten unter ihren dienern und dienerinnen gute ordnung/ und kunten unziemliche
leut mit wissen nicht umb sich dulden / als die sie abstraffen liessen/
oder früh von sich schaffren. Bey solchem so bliebe das creutz nicht
aus/ dardurch auch GOTT bey ihr die gabe der edlen gedult wir-
cken wolte. Es kunten J. F. Gd. die fast gantze 19. jährige zeit der
ersten ehe/ ob schon in dem übrigen selbige friedlich und vergnüglich
war/ sich nicht viel guter tage rühmen / in dem sie wegen des land-
verderblichen kriegswesens fast in dero residentz oder landen niemahl sich auffhalten/ sondern theils gar bey Käys. Armee theils anderswo mit grosser beschwerde als in dem exilio herumb ziehen mußten. Kam auch noch dieses creutz dazu / daß nachdem GOTT
zwar das erste jahr dieselbe mit einem jungen Herrlein/ Christoph
Frantze/ gesegnet/ solches in wenig stunden wieder verstorben/ ihren
leib aber nach mahl GOTT verschlossen/ und sie also mit hocher-
nenntem ihrem ersten geliebten Ehegatten 1646. das gantze Fürstliche Leüchtenbergische hauß erloschen sehen mußten. Was vor
creutz und gefahr sich erhoben/ bey obberührter dero bekehrung/ mag
ein Christlich hertz selbs erachten / die jenige aber so dieselbe davon
offt reden hören/ desto leichter ihnen einbilden: wie solche auch sicherheit wegen zu letst aus besagtem Nördlingen in die auch des H. R. R.
Statt Nürenberg sich begaben. Die letste ehe betreffend/ ist zwar
solche wiederumb nach wunsch und friedlich gewesen / aber so viel
schmertzlicher war s/ daß dieselbe dero geliebten Herren gleich in dem
6. iahr/ den 27. Augst 1654. beraubt werden mußte. Welches hertzen-
leid/ da dieselbe nach Neuenstein erfordert/ ihn zwar noch im leben/
aber bereits ohne rede angetroffen/ solche fast also niedergeschlagen/
daß der trost ziemlich hart ein wolte / auch dero ihren andern wi-
derstand so viel schwerer machte ; wiewol sonsten in solchem dero-

E ij   selben

ſelben einig ſonderbares creutz nicht zugeſtoſſen/ auch alle beſchwer-
den/durch die ſohn-und töchterliche liebe/ treue und reſpect/ der al-
lerſeits unſerer gn. FF. und HH./ gn. FF. und Frauen/ gn. F. und
Fräulein/als Fürſtlicher dero HH.Söhnen/Frr.und Frl.Töchtern/
mit dero alle Ihrer geliebte Fr.Stiefmutter noch mehr als vorhin be-
gegnet/und auch dero ſchwachheit getragē/zimlich erleichtert worden ſind.Wie dann deßwegen auch hinwieder ſo vielmehr J.F. Gd.
ein mütterliches hertz gegen dieſelbe als ihre eigene gefaſſet/ ſie zum
guten wolmeinend angewieſen/ſich dero auffnehmēs mehr gefreuet/
als ſie faſt euſſerlich ſehen laſſen/ und denſelben hinwieder zu begegnen befliſſen.   Maſſen dero gegen die Durchl. FF. und HH./
H.Chriſtian und H. Joh.Carl gebrüdere/Pfaltzgr.bey R.H.
in Bayern/Gr.zu Veld.und Spanheim.rc. unſere gn.FF.und
HH.mütterliche biß in dē todt gewehrte zuneigung/und wie viel gutes ſie denen gegönnet/aus dero letſten willens inhalt noch zu erſehen
geweſen.   Zu dergleichen J. F. Gd. zertragenem creutz haben ſich
auch je zu zeiten / ob wol ſonſten dieſelbe mit zimlicher leibs ver-
möglichkeit ſchiene begabet ſeyn/ allerhand zuſtänd und kranckheitē
gefunden.   Sonderlich aber von etlich jahren hero war zimlicher
abgang der kräfften zu ſpüren/welches von unterſchiedlichen bemer-
cket wurde : auch J.F. Gd.ſelbs in acht genommen / daß ſie aus
betrachtung deß zweiffelsfrey ſich nahenden todes/ bereits verſchie-
nen Jahr eine geſchriebene diſpoſition/wie mit ihrer beſtattung es in
allem zuhalten/deren in allem bißher nachgelebet/aufgeſetzt und ver-
wahrlich von ſich gegeben.   Zu dem ende aber zukommen : So haben J.F. Gd. dieſen ſommer der Saurbronnen cur ſich bey dero
gel.H.Tochtermans und gel.Ff.Tochter Hochgr. und J.G.
zu Biſchoffsheim gebraucht / und gemeint zimlichē nutzen davon zu
ſpüren.   Als aber dieſelbe ſich darauff nach Marggraff-Baden /
daſelbs auch der badcur abzuwarten erhoben/ befanden ſie ſich gleich
des andern tages unpäßlich.   Setzten doch diß ungeacht ihr ver-
nehmen etliche tage fort : fanden ſich aber dabey / nach dem ſich
die durch das meiſte land regierende ſeuche der ruhr erzeigt / je länger je übler/ daß ſolche muthmaſſend / wohin Gottes finger zielete/
nicht nur umb mehrere bequēligkeit/als vielmehr dero andacht ohne
anſtoß zupflegen / auff hieher zu kehren die anſtalt eilfertigſt machen
lieſ-

liessen.   War der 2.Aug.da sie auff der senffte hergebracht wurde/
wiewol wegen der schwachheit mit nicht wenigen beschwerden der
reise.   Danckten doch Gott mit auffgehabenen händen in jhrem
gemach/das derselbe sie dahin widergebracht.Liessen alsobald auch/
nach sonderbare tragendē gnädigem belieben/Hr.Gottfrid Hem-
pel/treufleissigen Fürstl.Pfalzgr.Pfarrherrn zu Schweighausen zu
sich erfordern/vmb im geistlichen eine gute vorbereitung zu seligem
ende zumachen.   Wie dann solcher des andern tags (wie auch
nachmahls zu mehrmahlen) auß Hagenaw sich auff diesen Gn.
befehl gehorsam einstellete / vnd J.F.Gnaden auß göttlichem
wort zusprach : so thaten auch in aller gegenwart sie selbs (ob wol
ehrenernennter Hr.Hempel sonst vmb zimlicher jhrer schwachheit
willen solche vorzusprechen sich erbot.)jhre beicht mit hertzlichem eif-
fer/ließ sich jhre sünde/wie wir sie dann so wenig/als sie selbs zuthun
begehrt/ oder gekont/von der jenigen zahl außnehmen/die Gott wegen vielfältiger schwerer sünden täglich zufuß zufallen haben / in-
niglich leid sein/nahmen die tröstliche absolution mit glauben an/
vnd empfiengen darauff das teure Sacrament deß wahren Leibs
vnd Bluts Jesu Christi/jhren willen damit in den göttlichen allerdings ergebende.   Nun ließ es sich zwar folgende tage vmb etwas
ansehen / ob wäre leibliche besserung annoch zuhoffen/ wozu dann
weder auff einer seiten mit fleissiger wartung / sorge/ darschaffung
der dienlichen vnd kostbarsten artzneien / auch persönlicher herbey-
bringung dero ordinarii medici von Straßburg ; noch auff eigener
jhrer seiten mit ordenlichem gebrauch derselben / einiges nicht ver-
saumet wurde.   Es giengen aber bey anhaltendem zustand die
kräfften also weg / das endlich den 9. Aug. man erkennen mußte / hie wäre mit menschlicher hilff nichts mehr zuschaffen.   So
wars auch noch den folgenden als 10. vnd letzten tag/ das dieselbe
göttliche züchtigungs-hand noch starck auff sich fühleten / aber auff
ehrenernenten Hr.Pfarherrs (so wider umb dem ende beyzustehen
auff der eil erfordert)befragen/Christlich sich erklären/sie seie dem
lieben Gott/wo sein göttlicher wille hingienge/allerdings stillzuhal-
ten/ bereit : Wie sie auch ferners so wohl auff sein fragen / alß da
denselben nachmittag unsre Gn.Fürsten vnd Herren/von dero
Jr.Mutter noch den letzten abschied zunehme gern von jhr zugelas-

E iij   sen

ſen worden / auff deroſelben gleiche befragung gnugſam ſich ver-
nehmē lieſſen/ das ſie nichts hätten/daß ihr anlege. Wie auch in
ganzer ſolcher kranckheit von anfang biß zu ende ſonderliche wirckung Gottes / in eiffrigem Gebett / da ſie in den empfindlichſten
ſchmerzen ſolches zuſtands allein ſehnlich jhren Hr. Jeſum ange-
ruffē/vnd vngewohnlicher gedult/geſpüret werdē muſte. War auch
dz gemüt von dem zeitlichen ſo abgewendet/das ſie nichts deſſen ſich
añam/ſondern ſtellete ſich/ob gienge ſie ſolches nichts an/vñ gehörte ſie nicht hieher. Damit eilte es zum ende/ vnd in dem die ſchwachheit imer gröſſer ward/ob ſchon der verſtand bliebe/wie ſie dañ eben
damal bey anziehung dieſes E.E. lieb erklärten ſprüchlins ſich
nochmahl/das es das ihrige ſeie/vernehmen lieſſen/ wurden ſie endlich ſtiller: in welcher ſtille etwa von einer viertel-oder längſt halber
ſtunde ſie beſagtē 10. Aug. war Doñerſtag/nachmittag gegen 3. uhr/
jhres lebens 53. Jahr weniger 19. tag/deß letſtē wittwenſtands 11.
Jahr/vnd ſamptlichen hieſigen ort verbleibens 17. Jahr. ohn einige
bewegung oder mißgeberde alß in einen ſchlaff ſinckend/ die ſeele in
die treue hände jhres erlöſers auffgaben. Wohnet alſo nunmehr jhre ſeele im guten/ vnd genieſſet der früchten deß von Gott in jhr ge-
würckten Glaubens/in der ſeeligkeit/dazu ſie geſchaffen/ erlöſt/be-
ruffen/erleuchtet/geſpeiſet und endlichen abgefordert/ mit freüdige
verlangen an dem bevorſtehenden groſſen tag/ der endlichen und
auch den Leib/ ſo jezo zu Fürſtlicher ruhſtatt zubringen vor vns ſtehet / herrlichmachenden bekrönung erwartende.   Wir/ denen die
ſelige Seele vorgegangen / fallen dem getreüen und allbarmher-
tzigen Gott mit eiffrigem gebett zu füſſen und ſprechen:

Allmächtiger / ewiger und lebendiger
Gott/ du herrſcher vber todt vnd leben/
der du durch den todt deines lieben
Sohns/ ſünd und todt zunicht gemacht / und
durch ſeine aufferſtehung unſchuld und ewiges
leben widerbracht haſt / auff das wir von der
                                              gewalt.

gewalt des teüffels erlöset / und durch die krafft
derselben aufferstehung auch unsre sterbliche
leiber von den todten aufferwecket werden solten. Wir sagen dir danck/ vor solche deine gut-
that / und bitten dich / gib uns alles dieses in
wahrem glauben zuerkennen / und uns täglich
unsers erfolgenden endes fruchtbarlich zuerin-
nern. Tröste mit deinem Geist alle betrübte
und leidige/ und bewahre sonderlich unsre Gn.
FF. und Hr. zusamt dero hohen angehörigen
und gantzem Hochf. hauß der Pfaltz vor fernere
eingriffen und betrüblichen todesfällen. Segne
hingegen solche je mehr und mehr zu deines nahmens preiß/ fortpflantzung reiner lehr / Gott-
seeligkeit/ gerechtigkeit und frieden. Endlichen
hilff auch uns allen unsern kampff und lauff
mit rechtem eiffer/ beständigkeit und glaube vol-
lenden/ tröste und stärcke uns in unserm letsten
kampff/ und hilff du gewaltiger Sieges-Fürst/
das wir in krafft deines siegs ritterlich über-
wunden/ auß deiner hand an jenem tag die kron
empfangen / und dir unsrem leben
ewig lobsingen/
Amen.

EPI-

EPITAPHIUM
Sarcophago stanneo insculptum.

D. O. M. S.

QVOD. IN. MORTE. DEPONI. SOLET.
CUM. SPIRITUS. IN. COELESTEM. PATRIAM.
MIGRAVIT.

IN. HOC. DEPOSVIT. LOCVLO.

SERENISS. ET. ILLVSTRISS. PRINCEPS.

Dɴ. MARIA. JOHANNA.

COMIT. PALAT. RHENI. DUC. BAVAR. CO-
MIT. VELDENT. ET. SPANH. &c.
NATA. EST. WIESENSTEIGÆ.
ANNO. M.D.C. XII.

VIII. SEPTEMB. QVI. B. MARIÆ. NATIV. SACER. DIE.

EX. ILLVSTRISSIMA. VETVSTISSIMORUM.

HELFENSTEINIORUM.

QVI. IN. SVEVIÆ. COMITIBUS. DIU. PRINCIPEM.
LOCUM. TENUERE.
ET. AFFINITATIBUS. ATQ. GESTIS. INCLUTI.
MAIORUM. SUBINDE. DECUS. IN. POSTEROS.
TRANSMISERUNT. PROSAPIA.

PARENTIBUS.

ILLVSTRISSIMO. QVOND. COMITE.

DN. RUDOLPHO.

COM. IN. HELFENSTEIN. LIB. DN. IN. GUN-
DELF. DN. IN. GOMEGNIES. WILDENSTEIN.
MESSKIRCH. ET. WIESENSTEIG. &c.
ET. PARITER.

ILLU-

ILLUSTRISSIMA. QVONDAM.
COMITISSA.

DN. ELEONORA.

COM. IN. FURSTENB. HEILIGENB. ET. WER-
DENB. LANDGRAV. IN. BAAR.

IN. THORVM. PRIMVM. ALLECTA. A.

CELSISS. QVOND. ET. ILLUSTRISS.
PRINC.

DN. MAXIMILIANO.

ADAMO.

LANGR. IN. LEUCHTENB. COM. IN. HALS.&c.

CVM. IO. VNIVS. FILIOLI.

A CHRISTOPHORI. FRANCISCI.

QUI. PAUCAS. HORAS. VIXIT. PARENS.

SINE. QVERELA. ANNOS. XX. EXEGIT.

CUM. PRIMUM. HUNC. MARITUM.
QUI. ANNO. M.D.C. XLVI. MORTE. SUA.
TOTAM. LEUCHTENBERGIAM. STIRPEM.
FINIVIT.

EXTVLISSET.

POST. BIENNIUM. EAM. VIDUAM. SIBI.
MATRIMONIO. JUNXIT.

QVI. PONI. CVBAT.

SERENISS. QVOND. ET. CELSISS. PRINC.

DN. CHRISTIANUS. I.

COMES. PALAT. RHEN. DUX. BAVAR. COM.
VELD. ET. SPONHELM.

F

NEC.

NEC. VERO. HUIUS. ÆQUE. DIUTURNUS.
FRUCTUS. CONCESSUS. EST.
CUM. SEXTO. ANNO. NONDUM. FINITO. ITERUM.
AB. INCOMPARAB.CONJUGE. DIVELLERETUR.
QVEM. VIDVA. HACTENVS. LVGENS.
VIRTUT. ILLIUS. ET. DULCISSIMÆ. CONSVETUD,
MEMORIA. ANIMVM: PAVIT.

PIETATEM.
EVANGELII. PURIORIS.
AD. QVOD. A. ROM. ERRORIB. DIVINO. MOTII.
PERTRACTA AGNITIONE. IMPERTERRITA.
ET. IN. MEDIIS. PERICUL. CONSTANTIA.
INVICIT.

PUDICITIAM.
SANCTA. CONJUGIORUM. FIDE. ET.
DOMEST. GYNÆCEI. CURA.

BONITATEM.
BENEFICIIS. IN. VARIOS. PLURIMIS..

PRUDENTIAM.
RERUM. SUAR. ET. FAMILIÆ. ADMINISTRAT:.
QVOAD. VIXIT.
SATIS. EST. TESTATA.
HOC. VERO. DECURSO. STADIO.
ANN. M. D. C. LXV.
CUM. BADENÆ. DYSENTER. POPULARI. MORBO,
CORREPTA. ESSET.
SED. DOMVM. TRANSPORTATA.

HELFENSTEINII. NOMINIS..

SI

SI. SOROREM. ILLUSTRISSIMAM

DN. ISAB. ELEONOR.

COM. OETINGENS, &c.

EXCIPIAS. ULTIMA.

HIC. IPSO. B. LAURENTII. FESTO.

QVO. ECCLESIA.

RENASCENTIS. EX. HUMO. TRITICI. MYSTER.

MEDITATUR.

ANIMA. CREATORI. TRANSMISSA.

NOBILE. GRANUM. TERRÆ. CREDENDUM.

SUIS. RELIQVIT.

IAMQVE.

AD. LATUS. CONIVGIS. DESI-
DERATISSIMI.

IPSOCUM. ULTIMÆ. TUBÆ. CLANGOREM.

QVI. REVIVISCERE. ARIDA. IUBEAT.

FELICI. QVIETE.

EXSPECTAT.

Folget die Abdanckung
Bey J. F. Gn. Bestattung in der Kirchen
gehalten von
dem Reichs-frey-hoch-edelgebohrnen/
Herrn Ludwich Henrich Zorn von Bloßheim. etc.

Er Durchläuchtigsten Fürstin und
Frauen/ Fr. MARIA MAG-
DALENA/Marggräffin zu Ba-
den/ und Hochberg/Landgräfin zu
Sauffenberg etc. Gebohrner Grä-
fin zu Oetingen/Frauen zu Wallerstein/hoch-
ansehnlichster Herr Abgesandter/ der auch
hochgebohrne Graff und Herr/Hochgebohrner
Graff und Herr/ der hochgebohrnen Gräfin
und Frauen/Frauen ISABELLA ELEO-
NORA/Gräfin zu Oetingen/Frauen zu Wal-
lerstein/ gebohrner Gräfin zu Helffenstein/
Frey Frauen zu Gundelfingen/ Hoch ansehnli-
cher Herr Abgesandter/ hochwohlgebohrner
Herr/ der beyden hochlöbl. Frey und Reichs-
Stätt Straßburg und Hagenau wohlansehn-
liche Herren Abgesandte/wie auch Frey Reichs-
Hoch-Edelgebohrne/ Gestrenge und Veste/
Wohl Edle/ Wohl Ehrwürdige/ Großachtba-
re/ Hochgelehrte Herren. So dann Durchläuchtige Fürstinnen und Frauen/ Durchläuchtige Fürstinn und Fräulein/Hochgebohr-
ne Gräfin und Fräulein/ Hoch Edelgebohrne/
Hoch-Ehren-und Tugendbegabteste Frauen
und Jungfrauen.

Aß der Politische Adel/ eine vortreffliche ordnung des allere-
delsten wesens/ der allweisen göttlichen Majestät seye / dadurch ein königreich und land in richtiger ordnung/ guter
verfassung/ herrlicher zierd/ zu kriegs-und friedens-zeiten/ floriren
kan/ und conserviret wird; dessen wird keiner in abred seyn/ der
so wol hochgelehrter leute wolgegründte schrifften ihme umb etwas
bekandt gemacht/ als auch die sennenklare experien tz ihme vor augen stellt; dann nachdem der Mensch seinen anerschaffenen Adel/
durch übertrettung des ersten göttlichen Gebotts / verlohren / sich
selbsten zu einem sclaven des Satans/verdieffen hohen Adel/als ein
unedler und verworffener geist/dem menschē mißgönnet/und seiner
verderbten begierden gemacht hat gleichwol die göttliche Weißheit
der noch überbliebenen füncklein der ersten anerschaffenen integrität
sich bedienet/ in dem sie etliche menschen erwecket/die durch tapfferkeit und andere tugenden / dadurch man sich umb die gemeine
wolfahrt wol meritiret machen kan/ sich hervorgethan/andere über-
treffen/und also ihnen einen respect und præminentz zu wegen ge-
bracht/ welchen sie auch neben der tugend die tag ihres lebens mantenirt. Und ist zwar anfangs dieser Adel einem jeden / der nur
durch tugendsame tapfferkeit und andere schöne qualitäten sich
recommendirt gemacht/ohnverwehrt; aber auff die nachkömlinge/
sonderlich wann sie aus der art geschlagen/nicht erblich gewesen.
Nachdem aber etliche von solcher tappfferen leute nachfahren/ in die
löbliche fußstapffen ihrer voreltern getretten/theils/zu friedens zeit/
meistentheils aber durch militarische fürtreffliche actionen/ sich berühmt und wolverdient gemacht/ sind grosse Potentaten / die eben
auch durch dieses mittel/einer sonderbahren tapfferkeit und opinion
der tugend anfangs ihre thronen bestiegen/und eingenommen/ dahin bewogen worden/ daß sie bemelte tapffere leuth/ mit erblichem
adel auff gantze familien/und ihre posterität begnädigt; bey dem
blossen ritul aber es nicht bleiben lassen / sondern die jenige land-
schafften/ districtus und güter/ die sie bloß als Stadthalter/Ampt-
leute/ und Verweser innen gehabt/ aus heroischer munificentz und
freygebigkeit theils zu eigen verehrt/theils lehensweiß auff sie und
ihre nachkömlinge gerichtet / auff daß es als insignia Nobilitatis
concellæ & præminentiæ wären: dannenhero sind entstanden
Hertzog-und Fürstenthümer/ Graff-und Herrschafften/freye Ade-

F iij   liche.

liche Rittergüter und dergleichen   Eines solchen hohen Adels kan
sich vor allen anderen Nationen der welt / insonderheit unser Teut-
sches Vaterland rühmen ;   Dann weiln die teutsche Martis filii
sind / so haben sie jederzeit eiffrigst ihnen lassen angelegen seyn /
durch Martialischer thaten sich edel zu machen/ wie dann der meiste
hohe-und niedrige teutsche Adel durch das feindlich vergossene blut
seinen ursprung genommen/ umb die geschicklichkeit/ und umb das
delicate Musen-volck / haben sich die alte Teutsche wenig bekům-
mert/ sie haben sich vielmehr bearbeitet/ solche grosse und denckwür-
dige thaten auszurichten/ die von dem geist und der feder gelehrter leut
der unsterblichkeit einverleibt würden.   Und dieser Adel hat sich
von zeit zu zeit so weit ausgebreitet und so hoch hinauff geschwungt/
daß keine Nation unter der Sonnen ist/ deren Adel mit dem Teutschen Adel könte verglichen werden/ man mag nun ansehen die äl-
te/ oder man considerire die Herrligkeit/ macht und gewalt/oder die
puritåt/oder die herrliche Freyheiten/ Jura, Regalia, Souverainität/
oder die auserlesenste mänge der unvergleichlichen Helden/theuren
Prinßen und kriegsmånner/ die vor die teutsche liberتåt/ vor das
kleinod ihres uhralten Adels/ vor die Majeståt des Römischen Ad-
lers/ gut und blut auffgeseßt / und wieder alle gewalt und Practi-
cquen der ausländischen mißgönstigen Nationen / wie ein eherne
maur gestanden ; daß also die unvergleichliche zierd des teutschen
Adels als ein Axioma der Käyserlichen hoheit mag allegirt wor-
den/als welche nunmehr/ das unter vielfåltigem joch seuffßende
Rom/und den befleckten und veråchelichen Römischen Adel ver-
lassen/ sich unter die martialische Teutschen begeben/ bey ihnen ihre
Residenß auffgeschlagen/und bißhero/ durch dieser weltberühmte-
sten Prinßen klugen sinn und tapffere faust/ bey unversehrter Majeståt und respect mantenirt worden.   Warumb wollen wir dann
von den ausländischen Nationen/die doch ehemahls Sclaven der
alten Teutschen gewesen/unsern uralten Adel herhohlen/ da doch
einmahl gewiß/daß/nach aussag ihrer eigenen Scribenten/ die flor
ihrer Noblesse/ sonderlich in Italien/ entweder von teutschem ge-
blüt herrühren/ oder doch ihr auffnehmen und herrlichkeit / den
Teutschen einig und allein zudancken haben.   Dann Teutschland
hat Italien und andere Länder bezwungen / und das joch der dienst-
barkeit auff ihren wiederspenstigen nacken geleget/aber Teutschland

ſt von keinem Potentaten unter der Sonnen niemahls völlig bezwungen und debellirt worden. Es hat andern Nationen geſetz
vorgeſchrieben/ Könige und Regenten geſetzt/ und mitgetheilt/ aber
aus ſeinem Mittel/ aus der flor ſeines Adels/ ſind allezeit ſolche vortreffliche Helden vorhanden geweſen/ durch welche dieſe freye Nation/
friedlich und glücklich regiert worden/ ja ſie habens durch ein fun-
damental geſatz ihres Stats/ geordnet und promulgirt / daß kein
außländiſcher über ſie zu herrſchen/ in keinem weg ſoltz admittirt
und erwählt werden/ welches auch biß dato/ wiewol ſich außländi-
ſche Potentaten je zu zeiten ſehr bemühet haben/ auch groſſe ſpeſen
angewendet/ ohn verrückt obſervirt worden. Nun iſt nicht ohne/
daß die Teutſche ohne beymeſſung einiget arrogantz/ deſſen gloriren
können/ deßwegen ihnen dann auch die præcedentz vor andern Nationen gebühret. Aber der jenige Adel iſt allercrſt der wahre eigent-
liche Adel/ der mit tugend gubernirt wird/ der ſich nach dem anfang ſeines herkommens/ welches in lob- und ruhmwürdigen thaten
beſtehet/ regulirt/ und iſt dieſer Politiſche Adel ſo hoch nicht zu æſti-
miren/ wann er nicht von einem edlen gemüth beſeſſen/ und regiert
würd/ ja vielmehr iſt der jenige ſeinem edlen Stand ein Schand-
fleck/ und der ſeiner Voreltern durch tugend erworbene Ehr mit
ſüſſen tritt/ welcher nur ſich ſeines uralten herkommens rühmet /
darneben weniger tugenden an ſich hat/ als irgend einer von den
geringſten und verächtlichſten auff erden. Allein dieſer Adel wird
nicht mit der natürlichen geburt empfangen/ und iſt nicht gebun-
den an hohe Häuſer allein/ ſondern findet ſich mehrmahlen in arme
hütten : dann ob wol man eine zuneigung zu einer oder der andern
tugend an dem Menſchen bald ſpühre kan/ ſo iſt doch dieſelbe ſo zart/
daß ſie durch die neben inn wohnende lüſten / und euſterliche böſe
Exempel / in ihrer delicaten blühe kan corrumpirt und verkehret
werden. Darumb muß man durch fleiſſiges auffſehen / und unterricht dahin bemühet ſeyn/ daß dieſe edle art frühe dem Menſchen
eingepflantzet werde/ darneben ihme ſolche Exempel vorſtellen/ durch
welche er je länger je mehr zu erlangung dieſes Adels animirt/ und
angefriſchet werde : er muß auff dieſem tugendweg/ nicht müd wer-
den/ er muß ſich die ſpitzige dornen mancherley hindernüſſen nicht
laſſen abwendig machen/ daß er nicht fortfahren ſolte / in dieſem
löblichen lauff in dem tempel der tugend/ die kron dieſes Adels von
ihrer

ihrer hand endlichen zu empfahen. Die weltliche üppigkeiten/wel-
che ihme im weg wollen stehen/ muß er als die güldene Aepffel des
Hippomenis/ die er der flüchtigen Atalanta dargeworffen / und sie
damit auffgehalten/ in ihrem koth liegen lassen / und sich an dero
eusserlichen schöne nicht vergaffen. Wer also sein gemüth durch
mancherley tugenden nobilitirt/ die viehische Begierden zähmpt
und gefangen hält/ darneben nichts anders / als was tugendsam/
von sich verspühren läßt/ der ist allererst recht hochedel und seines
natürlichen ererbten Adels ein unsterbliche zierd / ja er kan wann
ihm das glück darneben favorisirt/ sein obscures und verächtliches
herkommen/ durch ruhmwürdige thaten an das liecht und in eine
fürtreffliche scheinbarkeit bringen. Viel haben grosse thaten ge-
than/ Königreich/ land und leut/ Stätt und Schlösser bezwungen und eingenommen/ dadurch grossen Ruhm erlanget / und für
tapffere Helden gepriesen worden/ welchen auch dieses lob muß ge-
lassen werden : aber mitten in ihrem Triumph sind sie Sclaven der
laster und allerschändlichsten lüsten gewesen/ und in dem sie die ge-
fangene und gebundene der überwundenen Völcker/ vor sich her als
ein cuppel hunde treiben lassen/ sind sie auff ihren Triumph-wagen
von ihren eigenen unmäßigen und in grausame laster außbrechende
hitzige begierden verstricket / und angefesselt gesessen : Alexander der
grosse/ Julius Cæsar, Augustus, Pompejus Magnus, Marcus Antonius, Mithridates Magnus, Annibal und andere mehr/ so weit die
güldene Sonne mit ihren strahlen das erdreich erwärmet / hochbe-
rühmte und fürtreffliche Monarchen/ Potentaten und Helden/ sind
dessen ein Exempel/ von welcher hohen Adel/ heroischen thaten/ wer
nichts weiß/ der weiß auch nicht daß der Erdboden von den Menschen bewohnet wird : Noch gleichwol sind sie mitten in ihrem Tri-
umphalischen Pomp und Magnificentz / vielmahl der eine ein
Sclav der Trunckenheit/ der ander einer unersättliche unkeuschheit
gewesen/ der dritt hat sich den unleidlichen Hochmuth aufblähen las-
sen/ andere sind wegen ihrer Grausamkeit und Betriegereien denen
grimmigen Pardeln/ und listigen Füxen ähnlicher als den vernünff-
tigen Menschen gewesen. Gleich wie nun oberzehlte und andere/
durch dergleichen exorbitantien ihren hohen Adel verunehret / also/
haben die jenige/ die neben ihrem ererbten Adel auch ein edles gemüth behalten/ denselben umb so viel desto herrlicher und ansehnli-
cher

cher gemacht : wie dann dergleichen Exempel / so wol von ho-
h n Prinzen als Princessinnen könten herbey gebracht werden/wañ.
nicht dieses durchläuchtigsten und vortrefflichsten Klagiumbstants
allbereits nußbrauchte gebult zu verschonen wäre. Aber beyde an-
geregte Adel/der ererbte und durch tugenderworbene/ wie vortreff-
lich und unvergleichlich sie sind/ja wie hohes und stattliches lob /
sonderlich wann sie beysammen sich befinden/sie meritiren/ so sind
sie doch nur zeitlich/und hören mit dem Menschen auff/ ob wohl in
tugendsame leut nach ihrem todt ein unsterblich lob erlangen/ doch
haben sie weiters keinen nutzen darvon.

Muß derowegen noch ein höherer Adel übrig seyn/der den Menschen vollkommener glückseeligkeit theilhafftig mache. Es ist derjenige Adel/den der kein irdischer Monarch gebe kan/den du durch
einige tugend zu wegen zu bringen/nicht vermagst / er dependirt einig und allein von der Göttlichen Barmhertzigkeit/in diesem Leben
wird der Mensch / durch einen der Göttlichen Regierung geflosse-
nen geist/in annehmung und ergreiffung der jenigen Mittel/die in
Gottes wort vorgeschrieben seind/tüchtig und fähig dazu gemacht/
aber die völlige possession und gleichsam investitur wird Ihme allererst in dem nun und augenblick seines zeitlichen seeligen Abschieds
gegeben. Welchem nun dieser aller Edelste Adel/und ohne w lchen
die andern für nichts zu achten / in der letzten minut seines lebens
noch dazu conferirt wird / der mag wol Edel heissen : Er ist ein
solcher seeliger Mensch von geblüte / Edel von gemüte / Edel auß
göttlicher güte in der seeligen Ewigkeit. Nun mit diesem dreyfache
hohen Adel gekrönet/und umb und umb geschmücket/kan für diß-
mal præsentirt und vorgestelt werden/Weilands die Durchläuchtige Fürstin und Fraw / Fraw Maria Johanna Pfalzgräfin bey
Rhein / Hertzogin in Beyern / Gräffin zu Veldentz und Spon-
heim/Wittwe/gebohrne Gräffin zu Helffenstein/ Frey-Fraw zu
Gundelfingen etc. hochseeligsten Angedenckens. Auß wasfür ihr
altem Hochgräfflichem Heuß ihr Fürstliche Gnaden hochseeligst
entsprossen/ dessen können die Genealogisten besten bericht geben/
und leider die Zeit nicht alles und jedes hieher zu bringen / nur mit
wenigem einfen und deß andern zu gedencken : theils deduciren
dieses Hochgräffliche Hauß von den alten Graffen von Dillingen
her/ und zwar von Graff Burckhardt von Dillingen/der ein Bru-

G   der

der war deß Heiligen Udalrici Bischoffs zu Augspurg / und ein
Sohn Graff Hugwalds von Dillingen / und dessen Gemahlin
Frauen Liebburgen / deß Mächtigen Hertzog Burckhards von
Schwaben rochter : Dieser Graff Hugwaldt soll daß hochgräffliche Stambhauß und Schloß Helffenstein erbawet haben/wor von
hernach diesem hochgräfflichen Stammen der namen blieben. Etliche führen es noch welter her/von den Welfonibus/ und zwar von
Etticone dem andern/der die collegiat Kirch zu Wießenstalg fun-
dirt hat/welcher war ein Sohn Warini, Fürstens in Alemanien
und Majoris Domus Königs Carolomanni in Franckreich; dieser
war ein uhrenckel Etticonis oder Attici des ersten Hertzogs in Alle-
mannen und Elsaß aus den nachkömlingen Sunnonis oder Hunnonis mit dem zunahmen Welphi oder Weliphi Königs der Fran-
ckē. Dieses Hunnonis posterität mag wol ein seminarium serenissimarum & illustrissimarum Stirpium , die sich durch gantz Europam
ausgebreitet/genennet werden: dañ von dessen uhrhrencklen einem
Ettone/Grafen in Breißgau stammen in richtiger ordnung her die
uhralten Graffen von Habspurg : von diesem ist herkommen Rudolff der erst Römischer Käyser / ein Vater und urheber des
großmächtigsten Hauses von Oesterreich. Aus diesen uhralten und
mächtigsten Fürsten in Alemannien den Wölffen / und zwar von
Isenbardo. Graffen von Altorff und Ravensburg/Etticonis des andern Brudern/entspringen auch die Graffen und Fürsten von Hohen Zollern/Burggraffen von Nürnberg/von welchen herkommen
die Churfürsten und Marggraffen von Brandenburg; Item die
Graffen von Oettingen/ die Graffen von Eberstein : von denen von
Habspurg aber/ die alten Hertzogen von Zarringen und Teck / die
Marggraffen von Hochberg und Baden/die Graffen von Fürstenberg. Sihet man also/wie diese erzehlte uhralte Käyser und König-
liche/ Chur-und Fürstliche/und hochgräfliche Häuser von einem
uhrvater herstammen/und keines des andern sich verläugnen kan ;
weiset sich demnach/ dieser deduction nach/ daß unser hochseligste
Fürstin/ja so gar von uhraltem hohen stamm/daß sie auch wegen
gleiches ursprungs / mit den größten Monarchen in Europa und
durchläuchtigsten und vortreflichsten Häusern in Teutschland mit
freundschafft verknüpffet ist. Aber etwas nähers zur sach zu kom-
men/ so sind Ihr Fürstliche Gn. hochseeligst von Ihren Hochgräfflichen Eltern/ im Jahr 1612. den 8.ten 7br. St.Novi. auff dem Helf-

senſteiniſchen Schloß und Reſidentz Wieſenſteig/ an dieſe welt er-
zielet worden: der Herr Vater war/der weiland hochgebohrne Graff
und Herr/ Herr Rudolff/ Graff zu Helffenſtein/ Freyherr zu Guu-
delfingen/ Herr zu Gomegnieß/ Wildenſtein / Moeßkirch / und
Wieſenſteig/wohllöblichen andenckens / der leſte dieſes uhralten
Hauſes: die Frau Mutter/ weiland auch die hochgebohrne Gräffin
und Frau/ Frau Eleonora/ Gräffin zu Fürſtenberg/Heiligenberg/
und Werdenberg/ Landgräffin in der Baar/ Frau zu Hauſen im
Kintziger thal/wohllöbl. andenckens: der Groß Herr Vater von der
Väterlichen Linien/ iſt Herr Rudolff Graff zu Helffenſtein / die
Groß Frau Mutter/Frau Anna Maria Frau von Stauffen. Der
erſte Uhr Groß Herr Vatter von der Väterlichen ſeiten / iſt Herr
Ulrich Graff zu Helffenſtein/ deſſen Herr Vater iſt Herr Ulrich
Graff zu Helffenſtein/ die Frau Mutter Frau Catharina Gräffin
von Sonnenberg. Die erſte UhrGroß Frau Mutter vom Vater
her/iſt Frau Catharina Gräffin von Montfort: deren Herr Va-
ter iſt Herr Hugo Graff zu Montfort / die Frau Mutter Frau
Magdalena Gräffin von Schwartzenberg. Der ander Uhr-Groß
Herr Vater von der Väterlichen ſeiten iſt Herr Antonius Herr von
deſſen Herr Vater war/ Herr Leo Herr von Stauffen/
Mutter Frau Agneß Gräffin zu Lupffen. Die andere
Groß Frau Mutter von der Väterlichen Linien iſt Frau Anna
Wandelbar Gräfin von Hohenlohe/ deren Herr Vater geweſen
Herr Georg Graff von Hohenlohe/ die Frau Mutter Frau Hele-
na Truckſäßin Frau von Waldburg. Der Groß Herr Vater von
der Mütterlichen ſeiten iſt Herr Joachim Graff von Fürſtenberg/
die Groß Frau Mutter Frau Anna Gräffin von Zimbern. Der erſte
Uhr Groß Herr Vater von der Mütterlichen Linien/war Herr Fri-
drich Graff zu Fürſtenberg/ deſſen Herr Vater iſt Herr Wolffgang
Graff zu Fürſtenberg/ die Frau Mutter Frau Eliſabeth Gräffin zu
Solmß. Die erſte UhrGroß Frau Mutter von der Mütterlichen ſeiten iſt/ Frau Anna Gräffin zu Werdenberg/deren Herr Vater war
Herr Chriſtoff Graff zu Werdenberg/ die Frau Mutter Frau Eleo-
nora Barbara Gontzaga Marggräffin von Mantua. Der ander
UhrGroß Herr Vater von Mütterlicher ſeiten war Herr Frobe-
nus Chriſtoph Graff zu Zimbern/ deſſen Herr Vater war Herr
Johann Wernher/ Graff zu Zimbern/ die Frau Mutter/ Frau

G ij   Catha-

Catharina/ Gräffin und Schenckin von Erpach. Die ander Uhr
Groß Fraw Mutter von der Mutter war Fraw Künigundis Gräffin zu Eberstein/ deren Herr Vater ist Herr Wilhelm Graff zu E-
berstein / die Fraw Mutter Fraw Johanna Gräffin zu Hanau.
Es könte die hinauffsteigende Lini noch weiters fortgeführet werden/
wann es nöthig zu seyn erachtet worden wäre: dann man könte her
erzehlen/ die hochfürstliche und Gräffliche Häuser / Burgund/
Oesterreich/ Saffoien/Lothringen/Brandenburg/Braunschweig/
Massovien/Münsterberg/Anhalt/die Scaligeros Printzen von Ve-
rona/ die von Baltzo Fürsten zu Andria, die Ursinos von Braccia-
no/ die Graffen und Herren von Nassau/ Rheingraffen / Manß-
feldt/Chunstadt in Böhmen/Montbelgardt/Kirchberg/Heiligen-
berg/Isenburg/ Vinstingen/Thierstein/ Hohenberg/ Salm/ Ne-
wenburg/ Zweybrücken und Bitsch / und viel andere-fürtreffliche
uhralte Häuser mehr. In was für Fürstliche und Gräffliche Häuser sich das Hauß von Helffenstein jederzeit verheyrath/ so finden
sich die Hochfürstliche/ Gräff-und Herrliche Häuser Pfaltz/Teck/
Würtenberg/ Baden/ Leuchtenberg/Falckenberg in Schlesien/E-
berstein/ Liechtenberg/ Kyburg/Dillingen/Hohenlohe/Greißbach/
Weinsperg/Oettingen/Castell /. Werdenberg / Hohenecks-
Montfort/ Pettaw/ Schencken von Limpurg/ Sonnenberg/
delfingen/ Zimbern/ Sultz/ Rappolstein/ Bömelberg/ Stauffen/
Fürstenberg/Hohen-Zollern/Lockenburg/Woleckenstein : inson-
derheit hat sich Graff Ulrich zu Helffenstein des heiligen Reichs
Stadthalter in Schwaben-verheyrath an Fraw Mariam/ die ein
Tochter war Stephani Hertzogs in Bossen / und ein Encklin eines
Königlichen Printzen in Pohlen zu den Zeiten Caroli 4ti. Römischen Käysers. So hat auch die hochseeligste Fürstin noch einen
herrlichen glantz in ihr nunmehr aussterbendes hochgräffliches
Hauß gebracht/ durch glückliche Heyrathen in die Hochfürstliche
Häuser Pfaltz und Leuchtenberg/ allerdings gleich wie ein liecht /
wann es bald ausgehen will/ noch einen plötzlichen schein von sich
gibt. Was auch jederzeit vor fürtreffliche Herren und Gräffinnen
aus diesen beyden uhralten hochgräfflichen Häussern Helffenstein
und Fürstenberg in geistlichem und weltlichem Stand/zu kriegs und
friedenzeiten in dem heiligen teutschen Reich florirt und berühmt
gewesen/ und noch heutiges tages von der welt admirirt werden/
dar-

darvon können die uhralte beglaubte geschichten den besser vergnü-
gen/ und versichert uns dessen die stattliche experienß. Nun diesen
hohen Adel hat die hochseeligste Fürstin durch die natürliche geburth
aus vorsehung Gottes / vermittelst ihrer hochgräfflichen Eltern
empfangen : allein damit dieser hohe Stand auch nicht ohne hohe
tugenden wäre/ ist durch höchstkeysfrige Sorg der hochgräfflichen
Eltern Rathgeschafft worden/ in deme nebenst dem zustand gemes-
sen tugenden/gelenckigen humeur/die hochseeligste Fürstin der treu-
fleißigen obsicht verständiger leut untergeben worden. Zu deme so
hat auch die vorstellung deren Exempel der hochlöblichsten Vorfah-
ren/und anderer weltberühmten Princeßinnen/das zarte gemüth der
jungen hochgräfflichen Fräulein leichtlich in den schrancken der tugend halten können : dann gleich wie es ohnmüglich ist / daß ein
Mensch/ ab schon bey eitler Nacht/ den voranleuchtenden Fackeln
nachfolgende/ irr gehen und des rechten wegs verfehlen solte: Also kan auch derjenige Mensch/der ihme seiner Vorfahren tugend rei-
ßende Exempel immerdar fürmahlt / von dem einmahl erkandten
tugendweg/ in dieser schlüpfferigen welt / nechst göttlicher Regie-
rung/ nicht leichtlich abgeführet werden. In welchem löblichen
Curs, als Ihre Fürstl. G. hochseeligst / Ihre mannbare Jahr er-
reicht / ist so bald das gerücht der Tugend und anderer annehmlichen qualiteten nicht nur in Hochgräfflichen/sondern gar in Hoch-
Fürstl. Häusern erschollen; daß man alsobald durch unterhandlung
Chur- und Fürstl. Personen/ dieses Hochgräffliche Helffenstei-
nische Fräulein/ als aus welcher das Hochfürstl. Hauß Leuchten-
berg noch weiter solte erbauet werden/ außersehen/ in deme Anno
1626. von dem weiland Durchläuchtigen Fürsten und Herren/
Herren Maximiliam Adam/ Landgraffen zu Leuchtenberg/ Graffen
zu Halß/ Rousfy und Herren zu Grunßfeldt &c. gebührender weiß
umb dieselbe angehalten / auch nach erhaltener gewünschter reso-
lution/ das Fürstliche Beylager das folgende 1627. Jahr den 5ten
Majj. St. N. zu Wiesensteig celebriret worden. Aber man hat gese-
hen/ daß es gleichsahm fatal, daß diese zwey Hochfürstliche und
Hochgräffliche Häuser ihren periodum bald auff einander absolvi-
ren sollen: dann obwohln/ gleich in dem ersten Jahr der milde Ehe-
segen sich eingestellt/ und zwar ein junger Printz hervorkommen/ so
ist doch die langgewündschte Hoffnung der Leuchtenbergischen po-

Reritet in etlichen Stunden / nach dem willen Gottes/wieder ver-
schwunden / auch nachgehends keine Leibesfrucht weiter erfolgt.
In solcher Ehe/ weiln zugleich die trübseeligste zeiten/die unser wer-
thes Vatterland langgedruckt/ mit eingefallen / haben Ihre Fürstl.
Gd. gelegenheit gehabt/ dero gedult und sonderbahre Standhafftig-
keit/ neben dero hochlöblichsten Ehe-Herren zu prüfen/und dessen
ein herrliche Prob zu thun. Aber dieses war noch nicht genug/ der
Allerhöchste/ in dessen Hand des Menschen leben und sterben stehet/
hat das Fürstl. Hertz auffs tieffeste zu verwunden beschlossen/und dero einigen ohnschätzbaren auffenthalt / welcher alle trübsaal und so
vielfältige fluchten hin und wieder/ der Hochseeligsten Fürstin noch
biß dato versüsset und erträglich gemacht/ schmertzlichst beraubt/ in
dem dero hochwehrteste Herr und Gemahl der weiland Durchläuch-
tig Fürst und Herr./ Herr Maximilian Adam/ Landgraff zu Leuch-
tenberg/ hochlöblichsten angedenckens/ sein Fürstlich Haupt legen/
zu seinen Fürstlichen Vorfahren sich versamblen/und dieses uhralte
Hauß als der letste enden und schliessen müssen ; welches geschehen
Anno. 1646. in der Stadt Nördlingen. Mit was vor schmertzen
und traurens vollem gemüth die hochseeligste Fürstin den verblasten
Leichnamb Ihres liebsten Herrn/ ab dessen wohlergehen und lieb-
reitzender gestalt/ Sie zuvor Ihr einige lust gehabt/ habe angesehen/
das kan von dem jenigen allererst außgesprochen werden / welcher
das diamantfeste band der wahren Ehelichen Lieb aus der erfahrung verstehet. In dieser traurigkeit/nach dem Ihr Fürstl. Gnaden
zwey Jahr zugebracht/ hat der Allerhöchste dero wiederumb einen
hochwehrtesten Gemahl aus Chur- und Fürstlichem Pfältzischem
Hauß zugeführt/ Weilandt den Durchläuchtigen Fürsten und Her-
ren/ Herren Christian Pfalzgraffen bey Rhein/ Hertzogen in Bäy-
ern/ Graffen zu Veldentz und Sponheim rc. mit welchem Fürsten
Sie anno 1648. den 28.ten Octobris zu Neuenstein in Francken
Beylager gehalten/mit demselben in die 6. Jahr in vergnügter Ehe/
und Fürstlichem florirendem Wohlstande gelebt/in dem sich Ihr F.
G. gegen ihrem theuresten Ehcherren so erzeigt/daß selbiger Fürst diese seine Gemahlin höchlich zu lieben und zu ehren kein andere ursach
gehabt/und wie hat die seeligste Fürstin sich anders erzeigen können/
als liebreich und freundlich/in dem sie den jenigen Printzen besessen/
von dessen eyffer in der Religion/Gottseligkeit/kluger Sorgfalt/un-

fehl-

fehlbarer ist anbhafftigkeit in haltung seiner Fürstlichen zusag/ja von
dessen höchstgepriesener Tapfferkeit in handhabung Teutscher liber=
tät/ und darüber ausgestandenen travaillen/ Deutschland noch zu
rühmen weiß/und die nachkommende welt nicht vergessen wird :
und ob wohlin diese an den weit ausgespanten Himmel des Chur=
und Fürstlichen Pfältzischen Hauses/helleuchtende Sonne zu gna=
den gangen/durch den zeitlichen todt / als eine finsternuß verdunckelt
worden/ und verblichen/ so begint sie doch nunmehr mit gedoppel=
tem Schein wieder herfür zu brechen / und Jhre strahlen weit und
breit schiessen zu lassen/ in denen hinterlassenen Durchläuchtigen
Printzen und Princeßinnen. Nun dieser weltberühmte Printz/als
Er in anno 1654.den 27.ten Augusti zu Neuenstein in Francken/sein
löblichßt geführtes Fürstliches leben seelig beschlossen/ist dero höchst=
seeligster Fürstin durchschnittenes Hertz/auff ein neues mit tausend
frischen wunden wieder gemartert/dero Augen mit thränen=quellen
angefüllet worden : gleichwohl haben Jhro Fürstl. Gnaden/ sich in
den willen des Höchsten mit gedultigem Geist zu schicken gewußt/
und neben andern dero höchstbekümmertes Hertz damit insonderheit
auffgerichtet und getröstet/wann sie die hinterlassene Hochfürstliche
Printzen und Princeßinnen / in allem florirendem Fürstlichem
wohlstand/ jedermänniglich beliebenden excellenten leibs und ge=
müths qualitäten/dahero hat sehen wachsen/ und über sich schief=
sen : wie dann auch Jhr Fürstl.G. hochseeligst/dieselbe Jhre Fürstl.
Kinder/ wiewohl Sie von Jhrem leib nicht da waren/jedoch mit
rechter Mütterlicher Lieb und Sorgfalt jederzeit umbfangen/auch sol=
ches nach dero höchsttraurigen tödlichem Hintritt überflüßig und
ansehnlichst bezeugen wollen. Als nun Jhr Fürstl. G. in diesem letz=
sten Wittwenstand eilff Jahr rühmlichst zugebracht/hat der herbey=
schleichende todt/durch seine Herolden/mancherley Schwach=und
Kranckheiten/sich beginnen anzumelden/welches auch die hochsee=
ligste Fürstin bey guter zeit wahrgenommen / diesem letzten Feind
nun standhafftig zu begegnen/hat sich die hochseeligste Fürstin ih=
res geistlichen Adels erinnert/diejenige wehr und waffen/die in dem
geistlichen Zeughauß des seeligen Worts Gottes/anzutreffen / ge=
trost und freudig zur hand genommen/damit dieses edle Kleinodt/
wonach Jhr Fürstl.G. in ihrem Leben so unverdrossen gerungen/so
viel menschliche schwachheiten zugeben haben/in dem letzten todes=
kampf/nicht möge aus den augen und hertzen gesetzt und gerissen werde:

wel=

welchen Kampff auch / Jhr Heiland und Erlöser vom hohen Himmel in
gnaden angesehen / diese seine mit seinem blut besprengte Streitterinn/ mit
der unverwelcklichen Adels-Kron geziert/ und in seinen himlischen Pallast
auffgenommen. Wie dann ihr Hoch-Fürstl. G. nechst verwichenen 10. ten
Augst Monath/ dieses zu endlauffenden 65. sten Jahrs Nachmittag umb 3.
uhr seeligst in GOtt verschieden/ nach dem Jhr Fürstl. G. löblicher Lebenslauff in die 53. Jahr sich erstreckt: Und nun Jhr Gedächtnüß mit denen
Fürstlichen tugenden/ die niemand besser/ als die jenige von Gott damit
begnädigte hohe Personen beschreiben könne/ so lang Sonn und Mond den
Erdcreiß beleuchten und regieren werden/ gekrönet würd verbleiben. Und
demnach Jhr Fürstl. G. Edel gewesen hier zeitlich / Edel werden sie wohl
bleiben dort ewig. Den Fürstlichen Leichnamb hat man allbereit mit ge-
wöhnlichen und hohem Standsgemessen Solennitäten/ in seine Schlaff-
und Ruhe-Kammer mit höchstraurigem geleit gebracht und eingesenckt/
da derselbe in süsser Ruhe eingehüllet wird bleiben/ biß die himlische Stimm
an jenem offenbaren tag/ ihne mit der bereits seeligsten Seele/ wiederumb
clar heißt vermählt/ und mit einander zur himlischen Hochzeit des Lambs/
zu ewigen zeiten einführen wird: Der Allerhöchste/ als ein Conditor & So-
spitator Augustarum & Serenissimarum Domuum wolle mit seinem starcke
Arm und Allmächtigen Schutzflügeln dieses Hoch Fürstl. Pfaltz Bur-
ckenfeldische Hauß/ zu allem mehrern Fürstl auffnehmen/ und immer florirendem wohlstand gnädigst beschützen und erhalten/ wieder alle gefährliche
anstöß gewaltig secundiren / auch alle weitere hohe betrübnus ferne von
denselbigen seyn lassen.   Es lassen sich schließlich die Durchläuchtige
Fürsten und Herren/ H. Christian und H. Johann Carl/ gebrüdere/ Pfaltz-
graffen bey Rhein/ Hertzogen in Bayern/ Graffen zu Veldentz und Spon-
heimb/ gegen der auch Durchläuchtigsten Fürstin und Frauen/ Fr. Maria
Magdalena/ Marggraffin zu Baden und Hochberg/ Landgrähn zu Sauf-
senbergete. gebohrner Gräffin zu Oetingen/ Fr. zu Wallerstein/ Hochan-
sehnbgkster Herren Abgesandten/ dem auch Hochgebehrnen Grassen und
Herren/ so dann gegen dem Hochgebohrnen Graffen und Herren/ gegen der
Hochgebohrnen Gräffin und Frauen/ Fr. Jsabella Eleonore Gräffin zu
Oettingen/ Frau zu Wallerstein/ gebohrne Gräffin zu Hessenstein/ Frey-
Fr. zu Gundelfingen/ Hochansehnlichen Herren Abgesandten/ gegen auch
dem Hochwolgebohrnen Herren/ gegen auch denen der beyden hochlöbli-
chen Freyen und Reichs-Stätt Straßburg und Hagenau/ wolansehnli-
chen Herren Abgesandten ferner/ gegen den Frey Reichs/ Hoch Edelge-
bohrnen/ Gestrengen und Besten/ WolEdlen/ WolEhrwürdige/ Groß-
achtbaren und Hochgelehrten Herren : Andersetts/ gegen denen Durchläuchtigen Fürstinnen und Frauen/ gegen der Durchl. Fürstin und Fräul.
gegen der Hochgebohrnen Gräffin und Fräulein/ gegen denen Hochbelgebohrnen/ Hoch-
Ehren und tugend getierteßen Frauen und Jungfrauen/ Freundeigenstlich/ wohlgeneigt und
Gnädig ist bedancken/ daß selbige sampt und sonders dero Condolentz durch ihre so wohl Ab-
sandte/ als gegenwertig/ mit dero ansehnlichsten und gemeinsten Leichbewohnung offenba-
beingemachet wollen.   Jhro Fürstl. G. erbieten sich allerseits/ diese hohe Freundschafft/ Ge-
sicut und unterthänige willfahrung respective dienstlich wohlgeneigt und gnädig zu recom-
penßiren/ doch lieber zu erwarts annehmlichen contentemen/ als in dergleichen höchstbe-
trübten Fällen/ worinit dann/ nechst recommendation zu allem hohen und Standsgemessen
auch selbst desidor trawen/ prosperirt/ dieser Hochst ansehnlichst Trawer-
sambling dimittirt wird.